사랑해
행복해
고마워

엄계숙 지음

생명의말씀사

ⓒ **생명의말씀사** 2011

2011년 5월 5일 1판 1쇄 발행

펴 낸 이	김창영
펴 낸 곳	생명의말씀사
등 록	1962. 1. 10. No.300-1962-1
주 소	110-101 서울 종로구 송월동 32-43
전 화	(02)738-6555(본사), (02)3159-7979(영업부)
팩 스	(02)739-3824(본사), 080-022-8585(영업부)

지 은 이   엄계숙

기획편집   유선영, 임선희, 장주연
디 자 인   이경희
제   작   신기원, 오인선, 홍경민
마 케 팅   이지은, 선승희, 박혜은
영   업   박재동, 김창덕, 김규태, 이성빈, 김덕현
인   쇄   영진문원
제   본   정문바인텍

ISBN 978-89-04-15944-4 (03230)

저작권자의 허락없이 이 책의 일부 또는 전체를
무단 복제, 전재, 발췌하면 저작권법에 의해 처벌을 받습니다.

추천사

  2010년 6월, 출산장려국민운동본부가 출범하면서 CTS는 '엄마랑 아빠랑 가족사랑 행복나들이' 행사를 주관하게 되었습니다. 이 날 행사에 엄계숙 사모님 가정은 국내 최다둥이 상을 수상하기도 했습니다. 우리나라의 출산율 저조 현상은 각 교회마다 교회학교 아이들이 줄어드는 원인이 되고 있습니다. 이 안타까운 현실 속에서 '출산이 가족과 나라 사랑의 첫걸음'이라는 슬로건을 실천하고 있는 이 귀한 가정의 이야기가 많은 가정의 귀감이 되기를 바랍니다.

감경철 회장, CTS기독교TV

love *happy* *Thanks*

    저는 '성경적 부모교실'을 통해 많은 부모들을 만나게 됩니다. 그분들은 자녀를 열심히 사랑했는데 왜 아이가 잘못되었는지 질문합니다. 사랑에도 잘못된 사랑이 있다는 것을 몰랐던 것입니다. 집착과 통제와 강요 등은 잘못된 사랑입니다. 그런데 자녀가 적은 경우 더 자녀에게 지나치게 기대하고 집착하고 강요하는 것을 봅니다. 또한 자녀들이 서로 부딪치며 배울 수 있는 사회성, 협동심 등을 배울 수 없는 것도 자녀가 소수이기 때문입니다. 하나님은 분명 우리에게 생육하고 번성하라고 하셨습니다. 하나님의 명령에 순종하면 반드시 복을 받습니다. 하나님의 부르심에 귀하게 순종하며 실천하는 가정을 만나게 되어 참 기쁩니다. 열세 자녀의 부모로 산다는 것은 쉬운 일이 아니었을 것입니다. 그러나 두고 보십시오. 분명 다음 세대의 훌륭한 지도자, 하나님의 일꾼들이 나올 것입니다. 반드시 모든 사람이 부러워하는 가문이 될 것입니다. 우리 모두에게 새로운 도전을 주는 엄 사모님의 가정을 축복하고 또 축복합니다.

이기복 교수, 햇불트리니티 대학원 기독교 상담학

불과 30여 년 전만 해도 동네 곳곳에는 '아들딸 구별 말고 둘만 낳아 잘 기르자' 이런 표어가 붙어있던 적이 있었습니다. 급속한 인구 증가를 감당하기 어려워 산아를 제한하는 국가 차원의 독려였습니다. 그랬던 우리나라가 지금은 심각한 저출산 국가가 되었습니다. 이제는 출산을 장려하고 아이 낳아 기르기 좋은 환경을 마련해주어야 하는 큰 숙제를 안고 있는 이 때, 5남 8녀를 둔 이 가정의 이야기는 신선한 충격으로 다가옵니다. 힘겨울 때도 있지만 그럴 때마다 오히려 더 사랑하고 서로 아끼는 모습이 그림처럼 아름답기만 합니다. 이 가정이 아름답게 살아가는 이야기가 독자들의 마음까지 부요하게 만들면 좋겠습니다.

진수희 장관, 보건복지부

프롤로그

아 이 는   행 복 입 니 다 .

'자식 많은 사람은 입찬소리 못한다.'
이 속담이 저의 입을 막았습니다. 그렇지만,
'자식들은 여호와의 기업이요. 태의 열매는 그의 상급이로다 젊은 자의 자식은 장사의 수중의 화살 같으니 이것이 그의 화살통에 가득한 자는 복되도다' (시편 127편 3, 4절)
이 말씀이 나에게 용기를 주었고 그 화살들이 나에게 힘을 주었습니다. 아이들이 잘 성장하여 입찬소리 할만 한 때가 되면 책을 써야겠다고 생각했지요. 입찬소리 하고 싶어서가 아니라 소중하고 아름다운 날들이 그냥 잊혀진다는 것이 아쉬웠습니다.
해마다 한 권씩 더해진 다이어리 스물대여섯 권에 덮어 두었던 이야기들이 아직 아이들이 다 성장하지도 않았는데 책으로 나오게 된 것은, 결혼 해보지도 않고 결혼을 기피하는 사람들과 아이를 낳아보지도 않고 아이 낳기 겁난다고 하는 사람들, 아이를 길러보지도 않고 아이 기르기 힘들 거라고 하는 사람들, 무엇보다 아이를 기르면서도 행복을 느끼지 못하는 사람들에게 진정한 행복은 하나님이 우리의 삶 속에서 찾을 수 있도록 하셨다는 것을 보여주고 싶었습니다. 하나님께서 기회를 주신다면, 잠시도 짬이 없이 바쁜 엄마, 아직 엄마의 손길 하나하나를 필요로 하는 어린 아이들의 엄마로서 살며 겪는 실감나는 이야기들을 쓰고 싶었습니다. 막상 이야기를 꺼내려 하니 조금 망설여지기도 했습니다. 아이들이 많다는 것 말고는 지극히 평범한 집인데 하는 생각이 들어서요. 하지만 조금 용기를 내어봅니다.

1988년, 우리 부부는 경부고속도로 하행선을 타고 이곳 구미 황산으로 들어왔습니다. 작은 시골 교회를 목회하는 남편을 따라 불모지라도 함께 가겠다는 각오로 순종으로 시작한 시골 교회에 성도 수가 늘어가는 속도 못지않게 자녀수가 늘어 우리는 5남 8녀의 부모가 되었습니다. 그저, 주시는 아이 하나하나를 마다하지 않고 낳다보니 열세 남매가 되었지요. 한 때는 아이를 너무 낳는 것 아니냐며 곱지 않은 눈으로 보는 이들도 많았습니다. 우리는 하나님이 주신 선물을 거절하지 않은 것뿐인데 말입니다. 그러다 요즘은 저출산 문제가 심각해지다보니 눈총이 관심과 격려로 바뀌기도 합니다. 하지만 정작 우리는 어떤 시선도 중요하지 않습니다. 다만 내가 내 부모의 보물이었듯이, 우리 아이들도 너무 소중한 보물이니까요. 어떤 아이든 아이는 부모에게 소중한 보물입니다. 이제 우리집 아이들을 소개할게요.

첫째 '빛나' - 세상의 빛이 되어라

아빠 같은 남자와 결혼하고 싶다는, 아빠를 많이 닮은 큰딸입니다. 꿈은 원대하고, 자신감 넘치고 밝은 빛나는 우리집 가장 든든한 기둥입니다.

둘째 '다솜' - '사랑' (고어)

버리는 옷더미에서 쓸 것을 골라, 옷도 만들고 가방도 만들고, 그림, 도자기 공예, 신발 리폼…… 엄마가 하고 싶었던 것들을 마음껏 하며 대학생활을 하는 다솜이는 엄마를 닮았습니다.

셋째 '다드림' - 하나님께 다 드립니다

목소리가 멋진 장남입니다. 엄마 같은 여자를 좋아하지 않을까요? 13남매의 대들보가 되어야 하기에 엄마의 사랑을 많이 받았으니까요. 하나님께 온전히 쓰임 받는 아들이 되길 기도하며…….

넷째 '모아' – 사랑합시다 (제주도 방언)

오래 전, 어느 방송에서 아이를 백 명 낳을 거라고 했던 딸입니다. 언니들이 타지에 나가 있어서 교회 피아노 반주와 동생들 치다꺼리는 모아 몫입니다.

다섯째 '들' – 들판과 같이 넓은 마음을 가져라

나란히나란히 놓기를 잘 하고 기타를 치며 노래 부르는 여유가 있는 아들입니다. 자기를 서서히 끌어 올리는 반전을 이미 시작한 은근 매력남이죠.

여섯째 '바른' – 바른 사람이 되어라

속눈썹이 까맣고, 껌뻑거리는 눈이 순한 황소 같은 아들입니다. 농구를 좋아하고 악기도 잘 다루는 순진맨이죠.

일곱째 '이든' – 착하고 어진 (고어)

열세 명 중에서 가장 개구쟁이며 가장 인정이 많은 아들입니다. 형 누나에게 반항도 제일 많이 하지만, 아버지 일을 먼저 나서서 도와드리는 남자다운 이든입니다.

여덟째 '라온' – 즐거운 (고어)

잘 웃고 점잖지만 마음이 여리고 눈물도 많은 아들 중 막내

입니다. 나서기를 잘 못할 것 같은 성격인데도, 제법 나서는 일도 시도하고 방송부에 활동도 하는 용기있는 라온입니다.

아홉째 '뜨레' – 서로(제주도 방언)

여동생 넷을 쪼로록 거느린 꼬마 선생님입니다. 착실하고 꼼꼼한 성격이라 선생님께서 "조금 삐딱한 행동도 했으면 좋겠어요"하실 정도입니다.

열째 '소다미' – 소담스럽게 자라거라

꾸밈없이 솔직한 말을 잘하고, 예쁘게 꾸미는 것을 좋아하는 공주, 열째입니다. 가족 놀이하며 뜨레 언니에게 피아노 배우랴, 영어 배우랴, 바쁜 소다미입니다.

열한째 '나은' – 보다 나은 사람이 되어라

얼굴은 조막만하고 눈이 큰 나은이는, 예쁜 얼굴에 어울리지 않게 옆돌기를 좋아하고 치마 입기를 아주 싫어하는, 그러면서도 잘 웃고 차분한 딸입니다.

열두째 '가온' – 가운데(고어)

경북도지사님께서 '세상의 중심이 되어라'고 지어주신 이름입니다. 스스로 일찍 일어나고 세수하고 옷 입고 가방 챙기는 똑소리나는 딸입니다.

열세째 '온새미' – 가르거나 쪼개지 않은 원래 그대로의 모습(고어)

경북도지사님께서 '언제나 변함없이 영원하라'고 지어주신 이름입니다. 아마도 하나님께서 막내로 주신 아이 것 같네요. 밝고 애교 찰찰 넘치는, 온 가족의 사랑을 받는 귀염둥이입니다.

봄볕이 참 따스한 날입니다. 눈이 부실 정도로…….
문득, 느티나무 아래 그늘이 보였습니다.
겨우내 보이지 않았던, 아니 보이지 않는다는 생각조차 하지 못했던 그늘입니다.
햇살이 따사롭게 느껴질 무렵,
느티나무 둥치에 보이지도 않았던 잔가지들마다 잎을 피우고 거대한 그늘을 만들어 놓았습니다. 필요할 때와 필요하지 않을 때를 아는 느티나무처럼 이 아이들은 서로에게 그늘이 되어 주기도 하고 말없이 든든히 서 있어주고 바라보기만 할 때도 있을 겁니다.
나무가 자라듯, 나무들이 서로 곁을 지키며 살아가듯 우리 아이들도 그렇게 컸으면 좋겠습니다. 하나님께서 부어주시는 햇살과 단비를 맞으며 그렇게…….

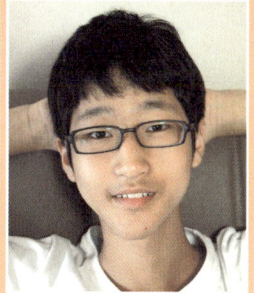
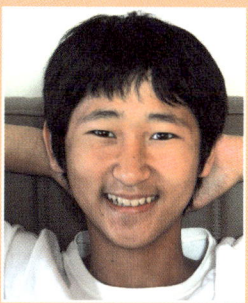

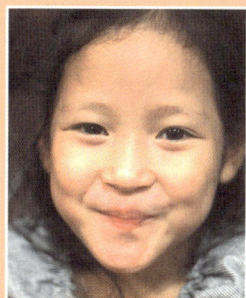

| 목차 |

4   추천사
7   프롤로그

part 1
사랑해
love
세상을 온기있게 해주는 말
19

엄마, 하늘 좀 보세요
그래도 감사, 그래서 감사
캔디와 스테아의 사운드오브뮤직
옆집 아이도 사랑해주세요
웃음보따리, 희망
뽀글이 파마는 안돼요
콩 나무 키우기
죽을 만큼 아픈 출산, 죽을 만큼 기쁜 출산

사랑해 · 행복해 · 고마워 **14**

part 2 *happy* 행복해
입가에 미소가 퍼지는 말
39

사랑받는 아이들

결혼 생활의 열매

행복의 끈으로 꽁꽁 묶인 매듭

심심할 틈이 없는 집

형제, 콩 한 톨 나눠도 행복해요

가난한 날의 행복

행복한 재수생

행복나무와 행운목

우리집 난로

part 3 *Thanks* 고마워
마음을 부요하게 하는 말
73

'엄마' 라는 이름을 선물해준 아이들

하나님이 지켜주시는 아이들

사랑을 돌려주는 아이들

많으면 많을수록

내 딸로 태어나줘서

할머니가 되어도 걱정 없어

소문

love · *happy* · *Thanks*

사랑해 · 행복해 · 고마워

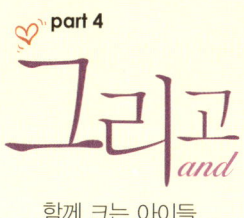

part 4

그리고 *and*

함께 크는 아이들

105

천천히, 더디게…

진짜 가르침

말버릇, 존댓말을 가르쳐요

순종하는 아이

고맙다고 표현하는 아이

함께 모으는 기쁨

함께 나누는 기쁨

선생님 존경하기

좋은 친구가 되어주렴

나라 사랑, 태극기 사랑

본대로 보고 자라는 아이들

가정교육의 기본, 신앙

한글 모르는 1학년

노는 것도 공부다

적성 찾아주기

시야는 넓게

창의력 재료

즐거운 숙제

회초리

도움

love

세상을 온기있게 해주는 말

　가을 잠자리는 왠지 측은해 보인다. 가을과 함께 사라져가기 때문일까? 그러나 우리는 그들이 어딘가에 내년 가을 하늘을 맴돌 많은 알들을 숨겼다는 사실을 안다. 모든 생물은 하나님이 주신 자연의 법칙을 순리대로 따르며 살아간다. 미물들도 하나님을 찬양하고 경배하며 순종하는데 만물의 영장인 사람이야말로 가장 기본적인 말씀에 순종해야 하는 것이 당연하다. 아이는 행복이기 전에, 하나님의 축복이다. 행복은 하나님의 계획 속에서 만들어가는 것이지만 축복은 감사함으로 받는 것에서부터 시작된다.

사랑해 part 1

love

엄마, 하늘 좀 보세요

감나무 단풍은 정말 예쁘다.
만질만질하고 발그레한 감잎이 떨어지더니 어느 날 홍시가 뚝 떨어졌다.
가을이구나. 들 길 양쪽에 피어있는 코스모스도,
마당까지 뛰어 올라온 메뚜기도 시골의 가을을 정겹게 만든다.
아이들은 매일,
"엄마, 하늘 좀 보세요. 구름이 너무 예뻐요" 한다.
파란 하늘을 보며 넓은 마음이 되고 하얀 구름을 보며 마음이 깨끗해지나 보다.
동심은 착하다.
이 착한 아이들이 늘 곁에, 많이 있어서 행복하다.
아이는 행복이다.

그래도 감사, 그래서 감사

"3,640일"

내 몸에 다른 생명을 넣고 살았던 날들이다.
열 달 내내 입덧을 했던 나는 입덧이 뭔지도 몰랐다는 엄마들이 제일 부러웠다.
거기다 진통은 왜 낳아도 낳아도 익숙해지지 않는지…….
낳을수록 힘들어지더니 급기야 열셋째는 제왕절개 수술을 하고 낳을 수밖에 없었다.

그래도 감사하다.
나에게 건강을 허락하시고 열세 명의 아이들을 맡겨주셔서.
이제 3,640일의 몇 배의 시간을 이 아이들과 세상에서 살아가야 한다.
입덧만큼이나 고된 어려움도 있을 것이고, 진통만큼 큰 고난도 있을 것이다.
하지만 내 몸에 새 생명을 주셨을 때의 감사와, 열 달의 괴로움 속에서도 기다렸던 출산의 기쁨들. 때때로 울고, 웃고, 감동받고, 아파하다 위로 받고, 다투다 감싸주고, 사랑하며 사랑받게 될 것이다. 이런 가족을 선물로 주셨다.
그래서 감사하다.

love

캔디와 스테아의 사운드 오브 뮤직

"그림 잘 그린다."
하는 말을 들으면 '화가가 되어야지!' 생각했다.
"예쁘네!"
소리를 들으면 '스튜어디스가 될까?' 했다.
동네 꼬맹이들을 귀여워해서
"아이들을 좋아하나 보다."
소리를 들으면 '보모가 될 거야!' 했다.
'캔디'를 보며 난 '항상 웃는 캔디처럼 살아야지!' 했고,
여고시절 '사운드 오브 뮤직'을 보며 '나도 마리아처럼 일곱 명의

아이들을 기르고 커튼으로 옷도 만들어 입히고 기타도 배워야지.' 했다.

미국 드라마 '초원의 집'을 보고 나서는 '시골에서 거추장스럽지만 항상 치마를 입고 아름다운 모습으로 일하는 아내, 그러면서도 아이들을 사랑으로 잘 양육했던 엄마, 그런 엄마가 되어야지!' 했다.

20대 때 내 별명은 '캔디'였다.
남편을 만났을 때
"내 별명은 캔디예요." 했더니,
"그래요? 내 별명은 스테아인데."
왜 스테아란 별명이 생겼는지 물었다.
교회에서 주일학교 학생부 교사로 섬길 때 아이들이 이렇게 놀려 불렀단다.
"석태야! 서태야! 스테아!"
난 여전히 캔디다.
스테아와 결혼한 캔디.
스테아가 어느 날 취미가 뭐냐고 묻기에 '그림그리기'라고 했다.
그런데 "나도 그림그리기가 취미인데……" 하는 거다.
스테아의 그림은 내 소질을 부끄럽게 했다.
그래도 난 이것저것 제법 잘 꾸미는 편이다.
만들기도 잘 한다.

미술에 아주 소질이 없는 건 아닌가 보다.
다행이다.
취미가 같아서, 그리고 그이가 나보다 훨씬 더 잘 그려서.

나는 스튜어디스가 될 수 없는 키에 그다지 예쁘지도 않았다.
그러고 보면 스튜어디스는 꿈도 못 꿀 일이었는데,
괜히 어른들이 어린 마음에 풍선을 불어 넣은 것 같다.

결혼 할 때, 혼수를 장만하며 TV는 사지 않기로 했다.
그리스도인으로서 TV를 가까이하기보다 말씀을 가까이하고,
'바보상자'인 TV보다는 재봉틀을 사서 뭐든지 만들어야겠다고 생각했다.
커튼도 예쁘게 만들고 내가 좋아하는 레이스와 큰 리본이 달린 치마도 만들었다.
그리고 결혼 전에 꿈꾸었던 것처럼 헌 커튼으로 옷도 만들고 스테아의 남방도 만들었다. 캔디는 어느새 '사운드 오브 뮤직'의 마리아처럼 되어가고 있었다.

어릴 적 다녔던 시골교회 예배당에 풍금이 있었다.
피아노 학원도 없었고 배울 기회도 없었다.
그저 혼자서 찬송가 반주 연습을 했다.

지금도 서툰 반주를 한다.

피아노는 어릴 때, 손가락이 머리보다 빠를 때 배워야 한다는 것을 알았고, 오랜 시간 꾸준한 연습과 훈련이 필요하다는 것을 알았다.

그에 비하면 기타는 조금 쉬워보였다.

피아노보다 구입하기도 쉬웠고 혼자서 배우기도 쉬울 뿐더러, 어디라도 가지고 다닐 수 있어서 내 맘을 홀딱 빼앗은 악기였다.

무엇보다, 원피스 입은 마리아가 아이들과 함께 기타를 치며 '도레미송'을 부르던 모습이 내 머릿 속에 박혀 마치 내가 마리아인 것 같은 착각을 하게 만들었다.

그때 산 기타는 지금도 제대로 치지 못하지만, 많은 사람에게 도전을 주었다.

처음 황산교회를 개척하여 내려왔을 때,

고등학생이던 청년들이 도전을 받아 기타를 배웠다.

지금은 내 아이들이 기타를 친다.

기타를 치면 노래가 나오고, 노래를 하면 아이들은 어느새 함께 노래를 부른다.

'사운드 오브 뮤직'은 나를 충분히 마리아스럽게 만들었다.

바지를 입어 본 적이 별로 없다.

항상 치마를 입고 생활한다.

왜냐하면, 난…… 여자니까!

외출복도 예쁘게, 일상복도 예쁘게, 밭일을 할 때도 예쁘게, 잠 잘 때도 예쁘게…….

난 항상 예쁘게 옷을 입는다.

왜냐하면 예쁜 내 모습을 스테아에게도, 내가 만나는 모든 이에게도 보여주고 싶고, 특히 밤낮으로 날 바라보는 우리 아이들에게 '언제나 예쁜 우리 엄마'이고 싶기 때문이다.

5남 8녀 아이들의 엄마로 사는 삶…….

'캔디' 같던 소녀의 꿈은, 지금 '초원의 집'과 같은 시골에서 '사운드 오브 뮤직' 같은 아름다운 드라마를 엮어가고 있다.

옆집 아이도 사랑해주세요

학원생들은 시험기간에 학원에서 나눠주는 유인물과 기출문제를 절대로 다른 친구들에게 보여주지 않는다. 그 아이들은 그래야 된다고 생각한다. 그럴 수밖에 없다는 생각도 한다. 그런데 왜 서글퍼지는지 모르겠다. 남의 아이가 입학을 하든, 졸업을 하든, 아프든, 사고가 나든, 그야말로 '남의 일인데, 뭐?' 지나치게 경쟁에서 이겨야 한다는 생각보다 내가 열심히 하듯 남도 잡아주고, 함께 가려는 생각이 아이들에게 있다면 얼마나 좋을까?

해마다 몇 차례씩 아이들의 친구들이 놀러온다. 어떤 땐, 열 명 정도가 와서 1박을 하고 가는 날도 있다. 아이들 친구지만 내 아이와의 우정을 존중하기에 귀한 대접을 하게 된다. 왜냐하면 아이들의 친구들은 내가 그들을 인정하고 귀하게 여기는 것처럼, 우리 아이를 인정하고 대우하게 되기 때문이다.

"엄마, 우리 반 친구 중에 머리에 이가 있는 애가 있어요."
"어머, 요즘도 이가 있는 아이가 있구나!"
"그런데요. 그 친구를 아이들이 왕따 시켜요."
"저런! 그러면 안 되지."
"그 친구, 엄마 계시니?"
"잘 모르겠는데요. 친구 말로는 할머니랑 산대요."

"그렇구나. 그럼, 이번 주말에 그 친구한테 조용히 우리 집에 놀러 가자고 해봐."

"네."

그 아이는 주말에 놀러 왔다.

"어서 와라. 잘 왔어. 할머니께는 친구 집에 다녀온다고 말씀드렸지?"

"네."

함께 점심을 먹고 나서 머리의 이를 잡아주고, 머리를 감기고, 서캐를 뽑아주었다. 몇 차례 하고나니 많이 없어졌다. 저녁을 먹고 집에 데려다 주며,

"할머니께는 말씀드리지 마. 걱정하실라. 그냥 놀다 왔다고 말씀드려."

"네."

"그리고 다음 주말에도 또 놀러와. 알았지?"

"네."

집으로 돌아오며 우리 아이들에게 말했다.

"얘들아, 친구들에게는 이야기 안 하는 게 좋겠지?"

"네."

"알아요."

그 아이는 다음 주말에도 다녀갔다. 그 아이의 머리를 누군가 해결해 주지 않으면, 내 아이와 반 전체에 이를 옮길 것이다. 남의 아이를

위하는 것이 곧 내 아이를 위하는 것이다. 설령 그것이 내 아이를 위하는 일이 아니라 할지라도, 그 아이도 내 아이처럼 위해 줄 수 있는 마음이 바로 엄마의 마음이다. 이런 엄마의 아이들은 친구를 왕따 시키지 않을 것이다.

큰딸이 대학을 졸업하고 SADI에 들어갈 때, 개인면접과 그룹면접을 보았다. 아무리 기발한 아이디어를 낸다 해도 팀이 함께 생각을 모으고 의견을 내고 공동의 작품을 만들어 내는 것이 매우 중요하다. 우리 아이들이 살아나가야 할 세상은 내 아이만 잘하면 되는 것이 아니라 남의 아이도 함께 잘해야 하는 사회인 것이다. 내가 잘되려면 남들도 잘되어야 한다. 비록 내가 손해를 보더라도, 나에게 아무 이익이 없더라도 남이 잘되는 것이 내 기쁨이 된다면, 내 아이가 머무는 곳, 함께하는 그곳은 밝고 아름다울 것이다.

웃음보따리, 희망

힘들 때 부부는 서로를 바라보며 격려해 준다. 안고 다독여주기도 하고 꼬불쳐 두었던 뭉칫돈을 내놓으며 힘이 되어주기도 한다. 반면 아이는 웃음과 희망을 준다. 비록 내놓을 뭉칫돈은 없지만 부모가 어떨 때 웃는지를 잘 안다. 모른다 해도 재롱으로 부모의 입가에 웃음

33 사랑해

을 만든다.

"내가 너 때문에 산다"는 말을 많이 한다.

아이를 보면 좌절하고 주저앉아 있을 수가 없다. 나는 힘들어도 아이를 위해 더 나은 날들을 꿈꾸며 살게 된다.

아이를 보며 정직하게 살게 되고
아이를 보며 착하게 살게 된다.
아이를 보며 열심히 살게 되고
아이를 보며 밝게 살게 된다.
아이를 보며 웃으며 살게 되고
아이를 보며 감동하며 살게 된다.
아이는 웃음보따리, 희망이다.

뽀글이 파마는 안돼요

"엄마, 그렇게 입으니까 아줌마 같아요."

"나 아줌마 맞는데?"

어려서부터 긴 머리만 하고 살던 내가 얼마 전 단발을 하고 파마를 하러 가려는데 아이들이 모두 이구동성으로 하는 말,

"엄마, 아줌마 파마 하지 마세요."

"뽀글이 파마 하지 마세요."

아이들은 엄마가 비록 아줌마일지라도 아줌마스럽지 않기를 바란다. 엄마들만큼이나 엄마가 젊게 살기를 원하는 것 같다. 아침에 아이들을 학교에 보내고, 어린이집에 보내고 나면 9시가 넘는다. 집안일을 하다가도 아이들이 돌아오기 전 화장을 한다. 푸시시한 40대 후반 아줌마가 생기발랄한 30대 초반 새댁처럼 보일 수 있는 방법이 바로 화장이다. 돌아오는 아이들에게 단정하게 꾸민 엄마의 웃음과 인사는 그날의 기분을 좌우한다. 그것뿐 아니라 건강해 보이고 항상 활기 있게 일하는 엄마의 모습은 아이들에게 신나는 자신감을 준다. 나를 위해, 아이를 위해 건강을 챙기자.

콩 나무 키우기

콩 두 알이 있었다. 하나는 너무 귀해 꼭꼭 숨겨놓고 수시로 물을 주고, 물 줄 때 외에는 덮어놓고 함부로 열어보지도 않았다. 정성을 들인 덕에 며칠이 지나 통통한 콩나물이 되었다. 또 하나는 뒤뜰 맨 땅에 대충 묻었다. 싹이 트기까지 며칠이 걸렸고 다 자라 열매가 달리기까지 5~6개월이 지났다. 몇 백 배 수확을 거두었다.

너무나 귀한 내 아이를 누구보다 빠르게, 누구보다 앞서, 누구보다 우수하게만 키우려 하니 조기교육에, 선행학습에, 고액과외에 조바심 내며 살 수밖에 없는 것이 현실이다.

 조금 기다리고 조금 늦더라도, 조금 부족한 것 같아도 스스로 찾아가며 해결하고 알아가게 용기를 주고 힘을 주고 믿어준다면, 비도 보고, 바람도 느끼고, 벌레와도 싸우며 이겨냈던 맨 땅의 콩처럼, 파란 하늘도 보고, 일 년을 나눠 도는 계절의 아름다움도 느끼며 세상의 유혹을 떨칠 수 있는 용기도 갖게 되어 야물게 다져진 다양한 능력으로 더 큰 것을 얻게 될 것이다.

죽을 만큼 아픈 출산, 죽을 만큼 기쁜 출산

 결혼은 성스러운 것이다.
 "그러므로 이제 부모를 떠나 둘이 한 몸을 이룰지로다."
 둘이 한 몸을 이루는 합법적인 예식이 결혼이다.
 그리고 결혼을 통해 이뤄진 한 몸이, 다른 한 생명을 만드는 것이 출산이다.
 이것은 하나님의 선물이다.
 출산은 고귀한 것이다.
 귀한 것은 쉽게 얻을 수 있는 것이 아니다.
 엄마라면 누구나 알고 있다.
 '이젠 죽겠구나' 싶을 때 아기가 나온다.

첫 아이를 출산한 사람들이 나에게 하는 말이다.

"대단하세요. 정말."

"왜 그래요? 새삼스럽게……."

"아기를 낳기 전에는 대수롭지 않게 생각했었는데 아기를 낳고 보니 존경스러워졌어요."

"정말 아프죠?"

"죽는 줄 알았어요."

그러나 엄마라면 누구나 느꼈을 것이다.

엄마와 함께 아픔을 견디고 태어난 아기를 보는 순간, 기뻐 죽을 것 같은 감격을…….

하루 온종일 아기를 바라만 봐도 행복하다. 남들 다 하는 하품하는 모습도 신기하고, 남들 다 있는 손가락, 발가락, 이목구비도 신기하기만 하다. 웃어도 예쁘고, 울어도 예쁘고, 오줌을 싸도 신통하고 똥을 싸도 대견하다. 이 세상 그 무엇도 출산의 아픔에 비할 수 없듯, 이 세상 그 무엇도 출산의 기쁨에 비할 수 없다. 어떻게 그럴 수 있는지는 낳아보면 안다. 선물은 받아 본 사람만이 그 기쁨을 아는 것이다.

Happy
입가에 미소가 퍼지는 말

'월색 화색 불여 오가족 화안색' -
달색 꽃 색깔이 비록 좋다한들 내 집 식구 웃는 얼굴색만 하랴.

제주 민속마을 서당 훈장님께서 우리 가족에게 주신 선물이다. 꽃이 아름답다고 느낄 때 내 마음도 아름답다. 물이 맑다고 느낄 때 내 마음도 맑다. 아이는 그냥 있다는 것만으로도 내 마음이 행복하다.

행복해

part 2

Happy

사랑받는 아이들

앉은뱅이 돌절구에 자리 잡고 앉아있는 부레옥잠.
연보라 꽃송이 대여섯 개 달고 서있는 모습이 도도해 보인다.
잔디 위에선 아이들이 축구를 한다.
장독대를 둘러 핀 금잔화가 가을이 갈수록 짙어진다.
감 따러 장대 들고 사다리에 오른 아이는 위태롭기 그지없지만 바라보는 아이들은 감이 떨어질까 손을 벌린다.
자연은 거스르지 않는다.
아이들도 거스르지 않으면 잘 자라는 것이다.
아이들에게 노래를 가르쳤다.

나의 살던 고향

나의 살던 고향은 꽃피는 산골
복숭아꽃 살구꽃 아기진달래
울긋불긋 꽃 대궐 차린 동네
그 속에서 놀던 때가 그립습니다.

꽃동네 새 동네 나의 옛 고향
파란 들 남쪽에서 바람이 불면
냇가에 수양버들 춤추는 동네
그 속에서 살던 때가 그립습니다.

"얘들아, 이 노래 아니?"
"아니요."
"너희들은 이 노래를 꼭 배워둬야 해."
"왜요?"
"너희들이 커서 그리워하게 될 동네가 이 가사와 똑같거든."

가사가 아무리 좋아도 추억할 어린 시절이 없거나 추억할 어린 시절이 있어도 '랩'을 부르며 자란 사람은, 동요를 부르며 자란 사람과 정서가 다르다. 자연을 아름답게 볼 수 있는 아이가 맑은 마음을 갖게 된다.

아이들에게 세상 것을 가르치기 전에 하나님께 속한 것을 가르치고, 아이들에게 경쟁을 가르치기 전에 함께 어울리는 법을 가르쳐야 한다. 그런 아이는 부모의 사랑만 받는 것이 아니라 하나님의 사랑을 받고 친구들의 사랑을 받는다. 내가 아무리 내 자식을 위해도 그것으로 인해 하나님과 사람에게 사랑받지 못한다면 그것은 결코 내 아이를 위한 것이 아니다.

결혼 생활의 열매

 지난 봄, 빈 땅의 유혹을 뿌리치지 못하고 300평 남짓 고구마를 심었다. 비가 와 주지 않을 때는 말라들어가는 고구마 순만큼이나 애가 타들어갔다. 결국 반 이상이 죽었고, 군데군데 구멍 난 자리들이 또 유혹을 했다. 비싼 고구마 순을 다시 사다가 땡볕에 몸을 던져 심었다. 이번엔 비를 기다리지 않고 긴 호스로 물을 주었다. 그래도 죽은 곳에는, 옆 줄기를 잘라 심었다. 지금 고구마 넝쿨은 주변 밭둑을 넘어 산으로 올라간다. 고구마 잎은 손바닥만하다. 서리가 내리기 전, 고구마를 캐려한다. 기대가 된다.

 남녀가 만나 결혼을 하고, 가정이란 울타리를 치고, 사랑하고 보듬어 주며 좌절도 맛보고 실망도 하지만 결국 부부라는 구성원이 거의 평생을 함께 살아간다. 해가 갈수록 그들 대부분은 경제적인 안정과 지위 상승과 탄탄한 대인관계들을 만들어간다. 아이들이 많은 집보

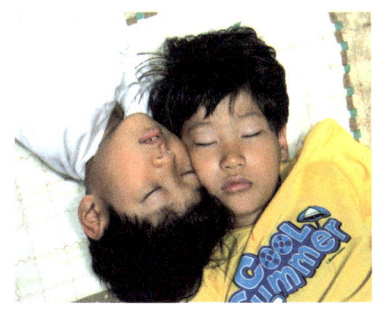 

다는 적은 집, 적은 집보다는 없는 집이 더 빨리 경제적 기반을 잡아가는 것을 볼 수 있다. 그러나 고구마 넝쿨이 튼튼해도, 고구마 잎이 무성해도 주렁주렁 달린 고구마를 캤을 때의 기쁨만 할까? 힘들다는 이유로, 돈이 많이 든다는 이유로, 내 삶을 빼앗긴다는 이유로 포기하기에는 너무나 큰, 비교할 수도 없는 열매가 바로 자녀다. 내가 겪어보니 '가지 많은 나무 바람 잘 날 없다'는 말은 사실이다. 그러나 '가지 많은 나무, 열매도 많다'는 말 또한 사실이다. 둘 중 어느 것이 나은지 물어본다면 두 말 할 것도 없다.

요즘은 남자 일 여자 일이 따로 구분이 없다. 남자가 집안일을 하고 간호사도 되고 유치원 선생님도 한다. 여자가 대통령도 되고 중장비 기사도 되고 버스 운전도 한다. 그런데 여자가 절대로 할 수 없는 남자의 일이 있다. 남자 자신도 스스로 할 수 없는 하나님이 주신 특권, 생명의 씨를 만드는 것이다. 그리고 남자가 절대로 할 수 없는 여자의 일은, 하나님이 여자에게만 주신 특권, 출산이다. 여자만이 누릴 수 있는 출산의 특권을 겸허히 받아들이고, 출산의 의무에 기꺼이 순종했으면 좋겠다.

작년에는 감이 어쩜 그렇게도 많이 달렸는지 제 몸 생각하지 않고 주렁주렁 맺은 감나무가 한심해 보일 정도였다. 감나무 힘 좀 덜어줄 겸 곶감을 만들겠다고 손이 부르트도록 밤새 껍질을 벗겨, 꽁다리에 실을 묶어 예닐곱 개씩 달았다. 꽉꽉 조여 꼬아진 새끼줄을 가로질러 묶은 뒤, 가는 실에 묶인 벌거벗은 감들을 줄줄이 매달았다. 그런데 열 줄, 스무 줄 묶다 보니 가로지른 새끼줄이 끊어지고 말았다. 다시 묶으려 했지만 백 개도 넘는 감의 무게는 나 혼자서 감당이 안 되었다. 새삼 감나무가 위대해 보였다.

아직도 벌어진 가지 가느다란 끝자락까지 다닥다닥 감을 매달고 있는 감나무. 세찬 바람과 매몰차게 내리던 빗줄기에도 아랑곳하지 않고 버텨냈던 감나무가 오히려 여유로워 보였다.

나에게 많은 아이들은 힘이요, 자랑이요, 기쁨이다. 내가 한 것이 아니라, 하나님께서 결혼 생활의 열매로 주신 결실이다. 곶감이 되든, 홍시가 되든, 까치밥이 되든 주인의 계획에 달린 감처럼 하나님이 맡기신 우리의 자녀들은 하나님께서 계획대로 쓰실 것이다. 어떻게 쓰시든 하나님께 맡기고 하나님께서 우리에게 바라시는 바에 충성하면 된다. 자녀는 짐이 아니라 내가 감당할 수 있는 하나님이 주신 결혼 생활의 기쁨인 것이다.

행복의 끈으로 꽁꽁 묶인 매듭

1988년 11월에 이사를 했다.

고립된 마을. 황산.

들어가는 길도, 나오는 길도 하나밖에 없는 꽉 막힌 마을.

시장을 가려면 5km나 걸어가야 하는 시골이었다. 수원에서 엎어지면 코 닿을 시장을 다닐 때와는 너무도 다른 삶이 시작되었다. 다음 해에 중고자전거 한 대를 구입해, 앞에 어린이용 보조의자를 달아서 빛나를 태우고 만삭인 나는 뒤에 타고 남편은 낡은 두 바퀴를 굴리며 페달에 온 몸을 실었다. 곧 둘째가 태어났다. 중고자전거 한 대가 더 늘었다. 빛나는 남편 자전거에 태우고, 둘째 다솜이는 내가 등에 업고 자전거를 탔다. 이게 행복일까? 낭만일까? 아니면 궁상맞은 걸까? 어쨌든 나는 행복했다.

물론 힘든 날도 많았다. 중고 오토바이를 구입해 만삭의 몸으로 오토바이 뒤에 타고 가다 경운기와 부딪쳐 넘어진 채 기절해 병원에서 깨어났던 일도 있었고, 다솜이가 개가 토해 놓은 것을 맛있다고 주워

먹은 일도 있었다. 앞집 할머니께서 빨래터에 물이 이렇게 좋은데 왜 세탁기를 돌리냐고 화를 내실 때도 있었고, 어느 여름날엔 비가 억수로 와서 화장실 고무통이 둥둥 떠다니는 바람에 물이 빠질 때까지 기다려야 했고, 예배당 지붕에 이끼가 많아 끌로 이끼를 다 긁어내고 페인트칠을 했는데 슬레이트가 깨져 일하던 남편이 아래로 떨어진 적도 있었다. 남편이 죽을까봐 엉엉 울었는데 다행히 장롱 위로 떨어져서 무사했다.

지붕에서 비가 새는 것은 예삿일이고, 하수구 막히는 일도 다반사인데, 가을에 집안으로 들어오는 쥐들은 겨울을 나고도 나갈 줄 몰랐다. 연탄가스에 질식도 해 보고, 성탄절 행사 마치고 밤새며 교제하다 잠들어 보일러가 터지던 날 다리에 화상도 입었다.

하지만 이런 저런 일들이 생길 때도 감사하며 주님 앞에서 나를 돌아보는 좋은 기회가 되었다. 그럼에도 불구하고 너무 힘들어서 뛰쳐나가고픈 날도 많았다. 울타리 없는 감옥 같은 생각이 들 때도 있었고, 억울하게 욕을 먹을 때도 있었다.

남편이 원망스러울 때도 있었다. 그러나 아이들의 천진한 얼굴을 보면 차마 뛰쳐나갈 수가 없었다. 휙 나갔다가도 갈 데도 없고 아이들 걱정되어 반나절을 넘기지 못해 발걸음은 집을 향했다. 그런 나를 남편은 그저 빙긋이 웃으며 맞아줬다.

'선녀와 나무꾼'에서 선녀가 아이 셋을 낳을 때까지 옷을 주지 않앉다지만 설령 나중에 옷을 받았다 해도 선녀는 떠나지 못했을 것이다. 아이 한 명일 때의 책임감과 두 명일 때의 책임감이 다르다. 그리고 셋 이상이 되면 책임감은 물론 힘도 생긴다. 많으면 많을수록 더 큰 힘이…… 그리고 하나님께서 나에게 주신 아이들이라면 능력도 주실 거라는 확신이 생긴다.

부부사이의 끝없는 공통 관심사는 자녀다.

한 명 한 명 태어날 때마다 매듭이 생긴다. 많으면 많을수록 더 꽁꽁 묶어주는 매듭, 그것은 행복의 끈으로 만들어졌다.

심심할 틈이 없는 집

"영어가 중요한 게 아니더라구요."

지난 여름 무남독녀 외동딸을 둔 엄마라며 전화가 왔다. 얼마나 애지중지 키우고 피아노에 발레, 영어 등 어려서부터 많은 걸 가르치며 키웠지만 어느덧 6학년이 된 딸아이가 외로워서 못 견딘다고 한다. 거기다 아기 목소리와 말투 때문에 친구들에게 놀림까지 당하고 나니, 엄마로서 아이를 위하는 것이 무엇인지 생각을 하게 되었다며 캠프를 보내봐도, 체험활동을 시켜봐도 그때뿐이더라고 말했다. 오죽하면 이 아이를 우리 집에 보내 전학이라도 시켜볼까 생각해 보았다고 한다.

여름방학을 앞두고 이번엔 남매를 둔 어느 엄마에게서 전화가 왔다. 중3 여자아이와 5학년 남자아이의 엄마인데 무기력한 생활과 의미 없는 하루하루를 보내는 아이들에게 새로운 삶을 경험시키고 싶다며 방학동안 2주 정도 받아줄 수 있는지 부탁을 해왔다. 그렇게 하기로 했다. 하지만 조건이 있었다. 우리 아이들과 똑같이 대하기로 하고, 먹는 것도, 자는 것도, 노는 것도, 공부도 우리 아이들에게 하는 방식대로 하기로 했다. 방학하자마자 학원도 끊고 남매가 버스를 타고 왔다. 제일 먼저 아침 6시 30분에 함께 QT를 했고, 먹는 것도 나눠 먹어야 했는데, 양이 많은 날보다는 적은 날이 더 많기 때문에 무엇이든 마음껏 먹는 경우는 드물었다.

여름날의 더위는 어른도 지치게 한다.

늘어진 아이들을 데리고 마을 앞 감천에 놀러가 물놀이를 하고 비를 맞으며 온 마당을 뛰논 후, 이웃집에서 주신 복숭아를 빗속에서 한 입씩 베어 먹는 아이들은 자유인이었다.

습기로 찐득거리는 거실에 잔뜩 모여 이리저리 상을 펴고 숙제와 정해진 공부를 하는 아이들은, 싫어도 어쩔 수 없이 자기 몫을 해야만 하는 매인 몸이었다.

선물 받은 에어컨은 거의 장식용이다.

손님이 오시거나, 선풍기 두 대가 하루 온종일 돌아도 땀이 비 오듯 하지 않는 이상은 에어컨을 켜지 않는다.

먹을 것이 있거나 식사 때는 기도를 하고 절대 어른보다 먼저 수저를 들지 않는다.

부담스러운 규칙들도 아이들은 함께했고, 밤이면 동네 어귀의 가로등을 맴돌다 떨어지는 장수풍뎅이, 사슴벌레를 잡으러 까만 밤, 아이들은 재잘대며 마을 개들을 깨웠다.

교회에서 가는 캠프에도 함께 다녀왔다.

아이들은 한결 우리 아이들스러워졌고 밝아졌다.

"내일 엄마가 데리러 오신다며?"

"네."

"가고 싶니?"

"아니요."

"이제 집에 가면 심심해서 어떡하니?"

"……."

엄마는 보고 싶지만, 떠나려니 아쉬움이 남는 것 같았다. 북적거려서 하루 종일 심심할 새가 없는 집. 밤이면, 잠 좀 자라고 해도 재미있어서 잠이 오지 않는 집. 이 집에서의 추억을 사진 한 장에 넣어 돌아간 아이들은 생각만 해도 미소가 얼굴에 그려질 경험을 삶에 남겼다.

형제, 콩 한 톨 나눠도 행복해요

"엄마, 내일 라온이 교실에 가 볼 거예요."
"왜?"
"라온이 친구들이 라온이한테 어떻게 했대요."
"그래도 그러면 안 돼. 이든아!"
"그냥 겁만 줄 거예요."
학교에서 돌아 온 이든이는 역시 의리 있는 라온이 형이다.
옛말에 '콩 한 톨도 나눠 먹으라' 는 말이 있다.
요즘 이런 말 하면 '나눠 먹을 형제가 있어야 나눠 먹지' 하는 말이 절로 나올 것이다.
그러나 우리 집은 다르다.
그 콩, 우리 집에 오면 가루 된다.
이런 아이들이 세상으로 나가면 겁이 없다.
든든한 형제가 있어서…….

얼마 전 서울에서 상담전화가 걸려왔다. 그리고 몇 시간 뒤 온 가족이 방문했다. 서울에서 오자면 그리 가까운 거리가 아닌데도 여기까지 찾아온 걸 보니 간절함이 있었나 보다. 아들만 둘. 중1과 세 살, 터울이 좀 있는데 더 낳으라는 주변의 권유도 있고 더 낳으면 좋을 것 같기도 한데 아내가 산후조리를 잘못해서인지 여기저기 아프고,

저리고, 통풍이 있다고 했다. 주변에서는 아기 한 명 더 낳아서 산후조리 잘하면 괜찮아질 수도 있다는데 정말인지 물었다. 사실 난 그런 경험을 하지 못했다. 하나님께서 특별히 건강을 주신 것 같다. 하지만 입덧이 얼마나 심한지 첫 아이 때는 열 달 내내 토했다. 하루에 일곱 여덟 번은 토했고, 목이 헐어 피가 덩어리째 나오기도 했다. 다행히 둘째, 셋째를 낳으면서 조금씩 입덧 기간이 줄어 막내 때는 5개월 정도였다. 입덧은 점점 나아졌지만 아이를 낳을수록 골반이 아파 똑바로 눕는 건 고사하고 앉아 있기도 힘들고 모로 누워 자기도 쉽지 않았다. 가만히 있어도 힘든데, 안팎으로 쌓이는 일은 매일 해야 되는 일이라 미룰 수도 없고……

하는 수 없이 '지금 이 순간이 훗날 돌아보면 가장 행복한 시간이 될 거야' 하는 마음으로 몇 달만 참으면 된다고 생각했다. 그러기를 열세 번이이었다. 그에 비하면 진통은 길어야 하루다. 그렇다고 진통이 수월한 것은 절대 아니다. 남들보다 더 어렵게, 고생을 많이 하고 낳는다. 의사 선생님도 고생을 하신다. 그러다보니 어지간한 통증, 감기 몸살, 어깨 결림, 수술 후 후유증…… 이런 것들은 입덧과 진통에 비할 바가 아니다. 출산 후 팔이 빠질 것 같은 통증도 있었고, 오한에 몸서리쳐지도록 뼈 속을 저미는 고통도 있었다. 해마다 환절기 알레르기 비염은 결막염까지 더해져 한두 달을 괴롭혔고, 다리가 시려 자다 말고 일어나 쿵쿵 뛰기도 수없이 했다. 출산은 출산 후에도 육체를 힘들게 하지만 마음 상태에 따라 우울증이 오기도 하고 행복증이 오기도 한다. 우울증이 오면 어깨는 더 결려오고, 머리는 복잡하다 못해 터질 것 같고, 몸은 무기력해진다. 그러나 행복증이 오면 아이를 봐도 즐겁고 남편을 봐도 행복하고 어깨 결리는 것은 즐겁게 일하다 보면 견딜 만했다. 나는 그랬다. 가만히 앉아 쉬는 시간이 많을수록, 청승맞게 멍하니 생각하는 시간이 많을수록 아픈 곳이 더 많이 생각났다. 그러고 보니 자리에 누워 환자처럼 있어 본 적은 입덧할 때뿐이었던 것 같다. 출산 후에도 거의 누워 있지 않았다. 수술하고 낳은 후에도 주로 앉아있었다. 입덧이 있었기에 그나마 쉴 수 있었고, 입덧이 있었기에 어지간한 아픔은 견딜 수 있었던 것 같다. 모두가 그렇진 않을 것이다. 정말 치료를 받아야 하는 사람도 있을 것이고, 치료를 해도 쉽게 낫지 않는 사람도 있을 것이다. 만약 나와 같은 사람이라면 이런 아픔은 아이들이 주는 기쁨이 잊게 해 준다는 사실과, 아이에게 부모보다 오랫동안 든든한 버팀목이 되어 줄 형제를 늦기 전에 만들어 주는 것만큼 아이를 위하는 것은 없다고 꼭 이야기하고 싶다.

가난한 날의 행복

　아이로 인해 부모는 행복한데, 만약 아이는 부모로 인해 불행하다면 한번 생각해 봐야 한다. 남들보다 좋은 집에 살지 못하는 것, 남들보다 경제적인 뒷받침을 잘해 주지 못하는 것, 이런 것들이 아이들을 불행하게 하는 것은 아니다. 세 평 남짓한 작은 방에서 다섯째까지 일곱 식구가 함께 살면서도 부모는 물론 아이들까지 모두 행복할 수 있었던 것은, 아이들 위주의 환경과 대화였다.
　화장실이 집 밖 저만큼 떨어진 곳에 있던 시절, 아이들을 데리고 화장실에 다녀오는 것은 정말 귀찮고도 하루에 몇 번씩 해야 하는 일이었다. 가야하는 아이나 데려가는 부모나 하기 싫은 건 마찬가지인데도 어쩔 수 없이 할 수밖에 없는 일이었다. 그래서 궁리한 것이 수도꼭지 하나 달랑 있는 세면장에 아기용 좌식변기를 놓고 아래에 구멍을 뚫어 세탁기 배수관을 연결한 입식 화장실을 만들어 주었다. 그것으로 소변은 해결할 수 있었다. 아이들은 그것으로도 너무 행복해했다. 현관문을 꼭 닫지 않는다고 야단맞던 아이들에게 고무줄을 연결해 반자동으로 닫히는 문을 만들어 주던 날, 함께 웃으며 행복해 했다.

제기를 만들어 함께 차고, 새를 좋아하는 아이들과 새도 길러보고, 곤충을 좋아하는 아이들에게 버려진 수족관을 주워 곤충을 기르게 해 주고 언제라도 볼 수 있도록 벽을 빙 둘러 책을 빼곡히 채워 놓았다. 아이들이 행복할 수 있다면 함께 연구하고 손으로 뚝딱 만드는 것을 우리 모두 행복해 했다. 좁은 방에서 화초도 함께 살았다. 살아있는 모든 것의 공통점은 보살핌을 필요로 한다는 것이다.

그것이 식물이든, 동물이든, 사람이든…….

또 다른 공통점은 잘 자라주고 건강하면 감사하고 행복한데, 아프거나 다치거나 죽으면 슬프다는 것이다. 그래도 우린 살아있는 것을 좋아했다. 생명이 있는 것은 그 어떤 값비싼 골동품보다 소중하기 때문이다. 아이들의 작은 행복이 커지고, 큰 슬픔이 작아질 수 있었던 것은 함께 생각하고 함께 해결해 나가고 아이의 마음을 이해해 주며 아이의 생각에 수준을 맞춰 주었기 때문이라고 생각한다.

칙칙한 겨울나무들이 움트기 시작하면 봄은 화사한 색을 만드느라 바빠진다. 아이들의 마음에도 행복의 봄이 오길 희망하며…….

행복한 재수생

 장남 다드림이 고등학교를 졸업하던 날이었다. 그 전 날은 다솜이가 몸이 좋지 않아 병원에 입원을 했다. 또 그 전 날은, 아이들 모두가 지지고 볶던 긴 겨울방학을 마치고 개학하는 날이었다. 이렇게 3일을 정신없이 보내고 드림이 졸업식을 마친 후 곧바로 다솜이를 병원에서 퇴원시켜 저녁에야 집에 돌아왔다.
 "어머니, 등록금은요? 내셨어요?"
 지난 3일간이 드림이의 대학 등록금을 내는 날이었다.
 "아 참, 못 냈다. 어떡하지?"
 "어떡해요. 대학 못 들어가는 거 아녜요?"
 "설마…… 너는 전액 장학금을 받았으니까, 기성회비 만 원만 내면 되는데 뭐."
 "그래도요. 혹시……."
 "인터넷 검색 좀 해 봐. 기성회비 때문에 대학 못 갈 수도 있는지."
 한참을 여기저기 검색해 보던 다드림이
 "못 가는 것 같아요."
 "그럴 리가!"

"한번 보세요."

"오늘은 늦었으니까 내일 전화해 보자."

다음 날 전화해 보았다.

"네? 안 된다고요?"

다드림이 놀랬다.

"엄마 좀 바꿔 줘 볼래?"

통화해 보았지만 소용없었다. 당장 찾아가겠다고 해도 소용없다고 했다. 그래도 포기할 수 없었다. 남편과 다드림이와 대전에 있는 학교를 찾아갔다.

"3시가 되면 후보자 발표가 납니다."

"그러니까요. 제발 발표가 나기 전에 등록시켜 주세요. 전액 장학금이라 이미 입학금, 수업료 등은 등록 된 거잖아요. 만 원 때문에 안

된다는 건 말도 안 돼요."

"죄송합니다. 아날로그 시대에는 가능했을지도 모르지만, 디지털 시대에는 불가능합니다."

"저희가 잘못했다는 건 알겠어요. 하지만 이미 기숙사비도 다 냈는데 등록 포기라니요. 제발 부탁드려요."

"죄송합니다. 저희도 마음이 아프지만, 여기는 국립대라서 총장님이 오셔도, 대통령이 오셔도 안 됩니다. 그렇게 되면 부정입시가 되거든요."

두 시간을 기다리고 사정했지만 안 되는 일이었다. 후보자 발표 10분을 남겨놓고 인정하기로 했다.

"우리가 잘못해서 이렇게 되었다는 것 압니다. 그래도 할 수 있는 데까지는 해 보려고 왔어요. 혹시 길이 있을지도 몰라서요. 부정한 방법으로 들어가려는 것은 아녜요. 이제 안 된다는 것을 알았어요. 다시 새로운 계획으로 시작해야죠."

"네. 더 좋은 대학 보내세요."

"저희 가족사진입니다. 내년에 다시 오든지 아니면 더 좋은 대학 가서 전화 드릴게요."

"네. 꼭 그렇게 하세요."

사무실 안의 모든 직원이 일어나 환하게 웃으며 인사를 했다. 이제 무엇을 어디서부터 시작해야 되는지, 주님의 뜻이 무엇인지 알 수 없기에 먼저 기도드렸다.

"드림아, 어차피 이렇게 된 거, 지금까지는 대학을 가기 위해 경제학과에 지원했다면 이젠 네가 하고 싶은 것을 찾아 지원해 보자."

"네. 저도 수학이 자신 없었는데 잘 되었어요."

"네가 문과니까 문과에서 하고 싶은 것이 무엇인지 차분히 생각하며 찾아보자."

일주일 동안 기도하며 생각하던 중 다드림이가 말했다.

"디자인! 디자인은 좀 해 보고 싶어요."

처음이었다. 드림이가 하고 싶은 게 있다고 말한 것이.

"그래, 그러고 보니 누나들과 모아, 들 이런 아이들에 비해 잘 그린다는 생각을 별로 하지 않아서 그렇지 너도 학교에서는 그림을 잘 그린다고 했잖아."

"해 보지 않아서 어떨지는 모르지만 해 보고 싶어요."

다드림이와 함께 미술학원에 갔다. 전혀 다른 길이지만 재수생이 된 드림이는 오히려 행복해 한다.

"드림아, 어떤 아이들은 대학을 다니다가 휴학을 하거나 전과를 하거나 다른 대학을 생각하는데, 너에게는 너에게 맞는 길을 갈 수 있는 기회가 빨리 온 것이 참 감사한 일이야."

"알아요. 저도 그렇게 생각하고 기도했어요."

다드림은 지금, 대학생보다 더 행복한 재수생이 됐다. 지금 잃는 것이 후에는 더 좋은 것을 얻는 기회가 될 수도 있다. 드림이는 행복을 빨리 찾아 불행이 살짝 스쳐간 것도 벌써 잊고 있다.

to. 드림이~

이런 인연이……!!! 선생님 반에 미술하는 친구들이 많다고 했었지? 그 중 연지가 선산고 출신 오빠가 왔다고 얘기하는데.. 어쩜 이럴까 싶더구나...^^ (그래, 그러고 보니 구미에 미술학원이 몇 개 안 된다 했다!!)

나보다도 어른스레 툭툭 털고 새로운 준비를 시작해 내는 드림이를 생각하면서 한 편으론 기특하고 한 편으론 애달프더라. 선생님 해 본 길이잖니~... ㅋ 지금은 너무나 귀한 시간, 좋은 친구들도 많이 만났고, 또 성숙한 내 자신과도 맞닿았던 시간이라 여기지만 그 당시엔 힘들었거든~

누구보다 성실히 고교시절을 겪어낸 애제자가 많이 아프겠구나 싶어 속상했던 게 사실이지. 그러나 선생님은 또, 그 시간을 보내봤기에 또 드림이의 재도전을 열렬히 응원할 수 있어! 어쩌면 평생 드러내지 못했을 미술에 대한 애정을 키울 수 있는 기회를 얻었잖아?^^ 미련 없이, 후회 없이 귀한 시간 보내렴. (한 가지, 미대 지망생 중 내신을 보면 드림이 보다 못한 친구들도 많아~ 기죽지 말고 실기도 열심! 수능 대비도 열심!! 원서 낼 때-아니, 그 전에라도- 쌤이랑 상담해 주면 영광이겠음!!^^ 수능 열심히 공부하자~)

"달려온 날들을 생각하며, 진정으로 후회 없을 마무리를 지어라."

매일 매일이 행복하고 보람 있길 빌어 줄게~ 세상이 아직은 살만해서 노력은 배신하지 않음을 증명해 주고 있으니, 그 한 사례로 드림이의 스무 살. 한 해가 남길 바라. 여러모로 소중한 나의 제자에게 짧지만 그윽한 응원을 보낸다.

2011. 4. 7. 서현주 씀

드림이 고3때 담임선생님께서 다른 학교로 가시는 바람에, 재수해야하는 드림이가 누구에게 상담을 받아야 할지 은근히 걱정이었는데 얼마나 감사하던지…… 드림이 행복한 재수생 맞네, 맞아!

행복나무와 행운목

행복나무.

우리 집에는 'Happy tree'가 있다. 3년 전에 선물 받은 나무다. 그다지 행복해 보이는 나무는 아닌데, 왜 Happy tree일까 생각해 보니 어디에서든, 어느 계절이든 잘 적응하고 잘 자라기 때문인 것 같다. 이처럼 행복도 특별하지 않지만, 언제 어디서나 늘 우리와 함께 숨 쉬고 있는 것은 아닐까? 소다미가 두 살 때의 일기다.

행운목에 핀 꽃-
"아니, 이게 무슨 냄새야?"
"정말, 무슨 향기 같은데?"
남편과 외출했다 돌아와 방문을 여는 순간 눈이 시리고 머리가 '찡' 하도록 진하게 풍겨나는 향기에 코끝을 찡그리며 아이들에게 물었다.
"엄마, 저것 좀 보세요."
"행운목에 꽃이 피었어요."

"어머, 너무 예쁘다. 향기가 정말 진하네."

밤이 되면 행운목 꽃향기에 취해 잠이 들고, 새벽에 깨어 보면 밤새 풍기던 향기는 사라지고 새로운 꽃망울들이 삐죽삐죽 터뜨릴 준비를 한다. 며칠 동안 꽃을 보는 즐거움으로, 향기를 맡을 때 느끼는 생동감으로, 무엇보다 행운이 깃든 것 같은 들뜬 마음으로 지냈다. 다들 이구동성으로 뭔가 좋은 일이 있을 것 같다는 말을 했다.

17년 전, 빛나가 태어난 지 100일째 되던 날, 빛나 막내 이모가 기념으로 사다 준 행운목.

주먹만한 나무둥치에 새끼손가락만한 곁가지가 두세 개 붙어있던 그 행운목이 나무둥치는 썩어 없어지고 곁가지가 한 줄기 자라 빛나의 성장과 더불어 천정에 닿으면서 꽃가지가 옆으로 늘어졌다.

'정말 행운이?'

'무슨 좋은 일이 생기지 않을까?'

이런 엉뚱한 생각을 하는데, 남편이 인터넷에서 본 이야기를 해 주었다.

"여보, 네 잎 클로버 꽃말이 뭔지 알아요?"

"행운이요?"

어떤 사람이 잔뜩 펼쳐진 클로버 중에서 한참을 뒤져 네 잎 크로버를 겨우 찾았다.

행운을 찾은 셈이다.

그런데 문득, 땅 위에 가득 펼쳐진 세 잎 클로버의 꽃말은 무엇일까, 궁금해졌다.

"세 잎 클로버 꽃말이 뭔지 알아요?"

"아니요."

"그것은 행복이랍니다."

우리는 늘 함께 있는 행복, 내가 잡으려고만 하면 얼마든지 잡힐 행복은 잡으려 하지 않고, 눈을 씻고 보아도 잘 보이지 않는, 아무리 잡으려고 애써도 내 손아귀에 잡히지 않는 행운을 찾아 헤매고 있지는 않은지.

우리 집 행운목은 17년을 우리와 함께 버터 왔다. 때론 화분이 깨지기도 하고 낮은 곳에 있는 잎은 아이들 손에 찢기기도 하고 먼지가 쌓여 숨 막히는 날들도 있었다. 그러나 되돌아보면 그 모든 날들이 아름다운 행복을 가꾸어 온 시간이었기에, 특별한 행운이 온다 해도 그 짧은 행운보다 늘 있었던 행복에 감사하게 된다.

그러고 보니, 열 세 명의 아이들이 건강하고 밝게 자라준 모든 날들이 행복이었다.

우리집 난로

"요즘도 오강을 방에 들여다 놓고 쓰는 할머니가 있다네?"

연세 있으신 어머니들의 대화에 웃음이 나왔다.

"호호호~ 정말요?"

"응. 집안에 화장실이 있는데도 방에 오강을 갖다놓고 볼일을 본대."

"왜요?"

"그러게 말이야. 옛날엔 밤에 뒷간 가기가 귀찮아서 그랬지만…… 아니 그래, 집 안에 있는 화장실도 가기 귀찮은가?"

옆에 계시던 어머니 한 분이 말씀 하셨다.

"아니지. 귀찮아서 그러는 게 아니고, 물 아끼려고 그러는 게지. 변기 물 아끼려고."

"그런가?"

"호호호~ 변기 물 아끼시려고 오강을 사용하신다구요?"

"하모."

웃었지만, 존경스러웠다. 그리고 부끄러웠다.

가끔씩 친정에 가면 새벽마다 깜깜한 주방 한쪽에서 창문으로 들어오는 불빛에 성경책을 놓고 말씀을 보시며 기도하시던 엄마의 모습이 생각났다.

"엄마, 불 좀 켜고 보시지. 왜 이렇게 어두운 데서 보세요."

"내가 돈을 벌지는 못해도 할 수 있는 게 절약인데, 전기를 아껴야지."

우리는 어른들을 따라갈 수 없을 것 같다. 어른들의 지혜로운 삶의 방식과 검소함을……

내가 더 어른이 되면 나도 그렇게 지혜롭고 검소해질 수 있을까? 나이가 들면 들수록 노인들을 존경하게 된다. 노인들은 많이 배우지 못하셨어도 경험을 통해 이미 모든 것을 아신다. 사람들은 40~50대까지는 잔소리를 많이 하는 것 같다. 하지만 점점 잔소리보다는, 알면서도 말없이 오래 참고 기다리신다. 말해도 소용없고 겪어 봐야 알게 된다는 것을 아시기 때문인 것 같다. 올 겨울에는 보일러 기름을 어떻게 하면 덜 쓸까 고민하다가,

"여보, 베란다에 화목 난로를 놓고 거실 문을 활짝 열면 어떨까요?"

"???"

한참을 생각하던 남편이 말했다.

"좋았어. 그거 괜찮겠는데요?"

그길로 당장 화목 난로를 구해다 설치하고 불을 피웠다.

"와~ 정말 따뜻하네요."

"효과 만점!!"

우리 가족은 유난히 추웠던 지난 겨울을 따뜻하게 지냈다. 물론 기름은 거의 들지 않았다. 다만 몸이 고생했을 뿐이다. 그래도 행복했다. 가끔씩 남편과 남자아이들은 나무를 하러 다녔고, 도끼로 장작을

패서 한 쪽에 쌓아 놓아야 했다.

"당신, 나무꾼 다 됐네요?"

"허허~"

"근데, 아이들한테 장작 패는 건 시키지 마세요. 너무 위험해요."

"괜찮아요. 남자는 그런 것도 하면서 크는 거예요."

"그래도……."

또 귀찮은 일이 있다. 한 달에 두 번 정도 연통 청소를 해야 했다. 안 그러면 불이 잘 붙지도 않거니와 집 안 가득 연기가 꽉 찼다. 아이들이 학교에 다녀오더니,

"어머니, 친구들이 '니 담배 폈나?' 하는 거예요."

"엄마, 저는요. 친구들이 연기 냄새난다고 불 때고 왔냐고 해요."

"그래? 그래도 기름 값 안 들고 이렇게 따뜻한 게 어디야. 그치?"

"그건 그래요."

더 귀찮은 일이 있다. 매일 밤낮으로 한두 시간 간격마다 장작을 넣어 줘야 하고 하루에 두 번 재를 치워야 한다. 화목 난로는 그야말로 장작 먹는 하마다. 낮에는 그런대로 장작 넣으며 난롯가에 앉아 커피 한잔도 마시고 책도 보고 참 좋다. 문제는 밤이다. 두세 번을 자다 말고 일어나 난로에 장작을 넣어야 포근한 밤을 지낼 수 있다. 기름을 아끼려고 아이들이 모두 거실에 모여 잠을 자는데 불을 꺼뜨리면 어른이야 괜찮지만 아이들이 추위에 떨어야 한다.

귀찮아도 남편과 나는 어른이니까 할 수 있다. 우리는 서로 약속하

진 않았지만 번갈아 가며 난로에 불을 지핀다. 난로가 있어 좋은 점이 있다. 참 좋은 점이다. 하루에 두세 번 세탁기를 돌려 나오는 빨래의 양은 엄청나다. 주말과 주일을 바쁘게 지내고 월요일에 나오는 빨래는 세탁기로 여섯 통 정도가 된다. 이 많은 빨래들을 난로가 있는 베란다에서 불과 몇 시간에서 길게는 하루 만에 다 말릴 수 있다. 그야말로 "빨래 끝!"이다.

또 좋은 점이 있다. 작년에 농사지었던 고구마로 군고구마를 만들면, 남편은 따끈따끈할 때 한두 개씩 은박지에 싸서 이 사람 저 사람에게 나눠 주기 바빴다. 무엇이든 나눠 주기 좋아하던 남편은, 여름이면 우체부 아저씨를 위해 매일 시원한 음료나 물을 밖에 놔두기도 했다. 인정 많은 남편을 더 따뜻한 사람으로 만들어 준 난로다.

우리 부부도 어느새, 더 어른이 되어가나 보다.
귀찮더라도 조금 더 절약하고, 조금 더 지혜로워지는 삶의 방식을 터득해가는 걸 보면…….
우리도, 아이들도 노인들에게 교훈을 받아야 한다. 말없이 가르치시는 노인들은, 우리와 똑같은 시절을 다 보내시고 터득하신 경험자이기 때문이다. 그리고 존경해야 한다. 우리도, 그분들과 같은 삶을 따라가야 할 사람들이기 때문이다.

"백발은 영화의 면류관이라. 공의로운 길에서 얻으리라"(잠언 16:31)

71 행복해

마음을 부요하게 하는 말

밟히고 밟혀 나지막하게 피어오르는 노란 민들레꽃은, 겨울을 지내며 영역을 넓혀 봄을 맞이한다. 우리에게도 아픔과 시련이 지나가는 만큼 감사의 영역이 넓혀진다. 소소하게 허락된 일상에서 감사치 못 할 일이 없다는 것을, 감사 할 큰일들을 겪고서야 깨닫게 된다. 가끔은 느닷없이,

"어머니, 감사합니다."
"뭐가?"
"밥 해주셔서요."
"그건, 매일 하는 건데?"
"그러니까요."
"고마워."
"뭐가요?"
"그렇게 말 해줘서...."

part 3
고마워

'엄마' 라는 이름을 선물해준 아이들

첫째 빛나가 태어나던 날.

결혼은 나에게 '아내' 라는 이름을 주었고 첫째 빛나가 태어나던 날 나는 또 하나의 이름을 가졌다. 바로 '엄마' 가 된 것이다. 마치 세상에서 나만 아기를 낳은 것처럼 행복하고 감사하고 신기했다. 난 사람이면서 여자이면서 아내이면서 엄마였다.

사람이란? 다 그런 거지 뭐. 여자란? 다 그런 거지 뭐. 아내란? 다 그런 거지 뭐. 하지만 엄마는 다르다.

'왜 저렇게 사실까?'

'어떻게 그렇게 사실 수 있을까?'

난 내 엄마처럼 살 수 없을 것 같았다. 그런데 내가 엄마가 되었다. 이해할 수 없었던 엄마의 삶이, 나의 삶이 되고 그것이 행복의 샘의 시작이 되었다. 행복했다.

둘째 다솜이가 태어나던 날.

진통이 막바지에 이르자 큰 가방을 메고 흥분한 남편과 집을 나서는 것을 보신 이웃집 아주머니가 말씀하셨다.

"아이고, 아기 낳으러 가나 보네."

남편이 자랑스럽게 대답했다.

"네. 우리, 아들 낳으러 갑니다."

근데 딸을 낳았다. 초음파를 보신 조산원 원장님이 아들이라 했는데, 딸이었다. 아들을 선호하거나 딸을 무시한 것은 절대로 아니었는데 딸을 낳고 보니 아들 낳으러 간다고 말한 것이 부끄러웠다. 그래도 행복했다.

셋째 다드림이 태어나던 날.

아들이었다. 아들이어서 기쁜 것보다 주변 사람들이 "아들 낳았대" 하며 부러워하는 것을 보면서 '이래서 아들, 아들 하는구나……' 생각했다. 행복했다.

넷째 모아가 태어나던 날.
너무 예뻤다. 쌍꺼풀에 까만 머리카락. 살아 있는 인형 같았다. 나에게서 어떻게 이토록 예쁜 아기가 나왔을까……. 행복했다.

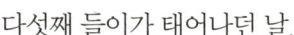

다섯째 들이가 태어나던 날.
조산소가 없어져서 집에서 낳았다. 아이들은 엄마의 진통소리를 들으며 기도했다. 아들이다.

말 그대로 머리에 피도 안 마른 들이를 바라보는 아이들의 눈은 감격 그 자체였다. 행복했다.

여섯째 바른이가 태어나던 날.

또 아들이다. 종합병원에서 그럴듯하게 태어난 바른이. 처음으로 병원에서 낳은 바른이는 태어날 때부터 할아버지를 닮았다. 선한 눈망울은 '나 착한 사람이에요.' 하는 것 같았다. 행복했다.

일곱째 이든이가 태어나던 날.

유산을 경험한 후에 주신 아이라 더욱 감사했다. 눈, 코, 입이 남자답고 시원시원하게 생겼다. 그래도 딸이었으면…… 복에 겨워서 하는 소리다. 행복했다.

여덟째 라온이가 태어나던 날.

그날의 일기다.

주님!

여전히 아픕니다.

첫째, 둘째…… 여덟째를 낳았는데도 이렇게 아파야만 새 생명의 기쁨을 맛볼 수 있다는 것이 다시금 '난 어쩔 수 없는 죄인이었구나' 하고 생각하게 만듭니다. 하와 이후 잊혀질 만하면 다시 들춰내지는 원죄, 그리고 그 죄성. 진통을 겪을 때마다 주님 앞에서 내 본 모습을 보게 됩니다. 이런 절 사랑하시고 탄생의 기쁨을 맛보듯 날 구원하시고 기뻐하셨을 주님을 생각하니 감사, 감사뿐입니다.

라온……

딸일 줄 알았는데 조금은 섭섭하더라. 그런데 이렇게 아픈 해산의 고통을 내 아이들(딸들)이 겪어야 한다고 생각하니, 내가 아픈 것은 참을 수 있는데 빛나, 다솜, 모아가 후에 이 아픔을 어떻게 견딜까 생각하니 벌써 그 아픔이 내게로 밀려온다. 그걸 생각하니 '라온' 이 네가 아들이라는 것이 얼마나 감사하고 즐거운지 모른다. 그래서 다섯 번째 아들, 넌 그야말로 즐거운 '라온' 이란다.

행복했다.

아홉째 뜨레가 태어나던 날.

기다리고 기다리던 딸이다. 여전히 쌍둥이의 미련을 버리지 못해 '뜨레, 모아'에서 뜨레(서로)라 이름 짓고 아쉬움을 달랬다. 딸은 역시 애교가 많고 키우기 쉬웠다. 행복했다.

열째 소다미가 태어나던 날.

인간극장을 촬영하고 있었다. 처음으로 예정일에 딱 맞춰 태어났다. 인간극장이 방영되자마자 아이를 많이 낳는다며 평생을 먹어도 다 못 먹을 욕을 먹었다. 가슴이 아팠지만 그렇다고 나의 삶이 가슴 아프지는 않았다. 예쁜 소다미는 바라만 봐도 욕을 잊게 했다.

행복했다.

열한째 나은이가 태어나던 날.

열 명의 언니, 오빠가 기다리고 있는 줄도 모르고 태어난 나은이는 깜짝 놀랐을 것이다. 집에 오자마자 언니, 오빠들의 손에서 내려오질 못했으니까. 행복했다.

열두째 가온이가 태어나던 날.

도지사님께서 이름을 지어주셨다. 세계의 중심이 되라고 '가온(가운데의 옛말)'이라고 하셨다. 많은 사람의 관심을 받으며 태어난 가온이는 고모를 꼭 닮았다. 고모는 진짜 착하신 분이다. 행복했다.

열셋째 온새미가 태어나던 날.

하나님은 이제까지 나에게 주셨던 귀한 선물 열두 명과는 다른, 아주 특별한 선물을 주셨다. 온새미는 선천성 상구순파열로 태어났다. 그래서 사랑을 제일 많이 받는 아이. 눈물로 기도하게 하는 아이. 그럼에도 감사할 수밖에 없는 아이. 그래서 더욱 예쁜 아이. 행복했다.

행복의 샘은 이것으로 끝난 것이 아니다.

앞으로 열세 아이들의 샘에서 솟아나는 행복은 넓게, 잔잔하게 퍼져나갈 것이다.

하나님이 지켜주시는 아이들

"나, 엄마 좋아."
"엄마도 온새미 좋아."
"엄마 짜랑해요."
"엄마도 온새미 사랑해."
가온이는 내 입과 양 볼과 이마에 뽀뽀를 했다.

제각각 사랑의 표현은 다르지만 아빠, 엄마를 얼마나 사랑하는지 알 수 있다. 사랑을 하면 예뻐진다는데, 사랑을 받아도 행복해진다.

하지만 좋은 날만 행복한 것은 아니다. 몇 해 전, 다드림부터 소다미까지 수두에 걸렸다.

여덟 명이 한꺼번에 열이 나고 아파하고 가려움을 견디느라 애쓰는 모습을 바라보며 잠도 못 자고 고통스러웠다. 무엇보다 모아, 소다미 얼굴에 흉터가 남은 것을 보며 예방접종을 못했던 것이 안타까웠다. 그래도 잘 견뎌 준 아이들을 보며 아픔이 사랑을, 인내를, 강건함을 주고 갔다는 것을 알 수 있었다. 아파 보니 건강한 날이 훨씬 많음을 감사하게 됐다.

중3인 들이가 태어난 지 18개월 무렵,
남편은 주일학교 교사강습회에 가고, 골뱅이 잡으러 간다며 5남매가 우르르 출동했다. 누나, 형들은 이미 보이지 않았고 할랑한 원피

스를 입은 모아와 긴팔 윗도리에 기저귀만 차고 있던 들이만 논을 지나 도랑 옆길을 걷고 있었다. 그런데 뜰에서 잠깐 무얼 하고 고개를 들어보니 들이가 안 보였다. 순간 아차 싶어, 있는 힘을 다해 달려갔다. 모아는 아무것도 모른 채 서 있고, 전 날 내린 비로 흙탕물이 도랑을 메운 채 넘실거리고 있었다. 수로를 꽉 채우고 흐르는 물은 도로 밑으로 5~6m 정도를 지나야 아래 빨래터로 나오게 되어 있었다. 임신 7개월의 몸으로 도랑에 들어가 도로 위쪽과 아래쪽을 다 휘저었지만 없었다.

그 사이 3분은 지난 것 같았다. 다시 아래위로 찾아보았지만 없었다. 옆에 있는 수문에 끼었을까 싶어 더듬거려 보니 다행히 수문은 닫혀 있었다. 지나가던 차가 섰다. 시간이 많이 흘렀다. 동네 아저씨는 길 위에서 왔다 갔다 하시더니 아래로 내려가셨다. 이젠, 도로와 물이 거의 맞닿으며 지나가는 수로에 들어가는 수밖에 없는 것 같았다. 어른 허벅지 정도 오는 좁은 수로에 들어가면 죽을 거라는 생각을 하면서도 시간이 더 흐르기 전에 들이를 찾아야 된다는 생각밖에 없었다.

그 순간 "나왔다!" 하는 소리가 들렸다. 동네 아저씨가 옆으로 통하는 수문을 여는 순간, 도로 밑을 통과해 들이가 나왔다. 비쩍 마른 들이는 빵빵해진 배와, 새파랗게 죽은 입술, 축 늘어진 모습이었다. 호흡은 이미 멈추어 있었다. 그런 들이를 거꾸로 안고 흔드시는 아저씨께 달라고 했더니 물을 빼야 한다며 안 주셨다. 많은 시간이 흐른 것 같다. 그 시간은 내가 이제껏 살아온 시간보다 더 긴 시간이었던 것 같다.

"아저씨, 인공호흡을 해야 돼요. 주세요."

빛나, 다솜, 다드림과, 언제 모였는지 마을 사람들이 많이 있었다. 그냥 주라고 하는 소리가 들렸다. 이미 죽은 것 같아 보였기 때문이었다. 그제야 나에게 안긴 들이는 정말로 죽은 것 같았다. 허겁지겁 길바닥에 눕히고 인공호흡을 했다. 일단 호흡을 해야 살 수 있다는 생각에 배를 꾹꾹 누르고 입에 숨을 크게 불어넣었다. 코에서 물이 조금 나왔다. 제대로 알지도 못하면서 아무튼 기억나는 대로 배를 다시 누르고 이번엔 코를 막고 숨을 "후~" 하고 불어 넣었다. 코와 입에서 물이 조금 나왔다. 하지만 호흡은 없었다. 그때, 교회 청년이 왔다. 머리를 뒤로 올리고 해야 한다며 두어 번 더 했다. 그러자 켁켁거리며 호흡이 터졌고 눈을 떴다 감더니 울기 시작했다. 들이가 태어나던 날의 울음보다 더 기쁘고 사랑스럽고 감격스러운 울음이었다.

"하나님, 감사합니다."

시퍼런 들이를 껴안고 집에 돌아와 대강 씻기고는 이불로 감싸 안은 채 손과 발, 가슴을 마사지 해 주었다. 싸늘하고 새파랗던 들이가 가슴부터 따뜻해지더니 정상으로 돌아왔다. 이렇게 살려 낸 들이는 분명 '하나님이 살리신' 거였다. 그 모든 과정이 얼마나 아찔하고 끔찍하던지 그제야 비로소 눈물이 펑펑 쏟아지고 순간순간이 생생하게 되살아나며, 가슴이 북받치고 머리까지 지끈지끈 아파 괴로웠지만,

내 품에 안겨 자고 있는, 아니, 숨 쉬고 있는 들이가 신기하고 놀랍기만 했다.

  정말 살았는지 일부러 깨워보기도 했다. 하나님께 감사하지 않을 수 없었다. 빛나부터 아무것도 모르는 모아까지 모아놓고 하나님께 감사의 기도를 드렸다. 들이가 숨 쉬고 있다는 것, 우리가 숨 쉬고 있다는 것이 얼마나 감사한가.

  늘 행복한 것은 아니다. 그렇다고 항상 행복하지 않은 것도 아니다. 어떤 순간이든 감사함으로 받아들일 때 우리는 행복해질 수 있다. 아파 보니 건강한 것이 감사가 되고, 죽음을 맛보고 나니 살아있다는 것이 얼마나 감사한지 깨닫게 된다. 하지만 계속 아프다 해도, 설령 죽는다 해도 거기에 하나님의 계획이 있다면 우린 감사해야 한다. 우리의 삶에 목표와 계획을 세우고 계신 하나님이 계시기에 우린 행복할 수 있다.

사랑을 돌려주는 아이들

 부모는 언제까지나 자식을 위해 희생해야 되고, 희생하고 있다고 생각하는 사람들이 있다. 일방적인 사랑을 하고 있고 일방적인 도움을 줘야 하는 것이 부모의 역할이라고 생각하는 것이다. 그런 부담 때문에 자식을 짐스러워하는지도 모르겠다. 하지만 아이는 태어나면서부터 부모에게 돌려주고 있다. 엄마가 안아주는 것처럼 아기도 엄마를 안아준다. 엄마가 웃어주면 아기도 웃어준다. 또 아기의 웃음을 보고 엄마도 웃음 짓는다.
 "사랑해요. 아빠, 엄마!"

"감사해요. 아빠, 엄마!"

아이들은 항상 돌려준다. 돌려주지 않아도 행복한데 말이다. 어쩌면 지금까지 돌려받고 있다는 사실조차 모르는 부모들이 있는지도 모른다. 아무리 아이들이 많고, 잘난 아이들, 눈에 띄는 아이들이 있다 해도 내 아이만 보인다. 아이들도 마찬가지다. 많은 엄마들 속에 그럴 듯한 차림의 엄마나, 눈에 띄는 엄마들이 있다 해도 우리 엄마만 보인다. 학교 운동회 때 가 보면 운동장의 아이들과 여기 저기 모이고 흩어져서 구경하는 엄마들이 있다. 그러다 점심시간이 되면 아이들은 달리기 경주보다 더 빠르게 자기 엄마를 찾아간다.

또, 부모가 자식을 소중히 여기듯 아이들도 부모를 소중히 여긴다.

조금 컸다고 집안일도 거들고, 감사의 편지도 수없이 써서 "짠" 하며 건넨다.

아이들이 성인이 되어갈수록, 이제는 주는 것보다 받는 게 더 많아진다는 것을 느끼게 된다. 엄마의 하소연을 들어주기도 하고, 아빠의 기분을 풀어드리는 것은 기본이고, 경제적인 면에서도 돌려받고 있다. 아직 많은 것이 아닌데도 이토록 크게 느껴지는 것은 고마움 때문이리라.

큰딸 빛나가 SADI에 들어갔을 때의 일이다.

합격한 것은 기뻤지만, 등록금이 문제였다.

"아빠, 죄송해요. 첫 학기 등록금만 대주세요. 그 다음은 제가 열심히 해서 장학금 받아 볼게요."

"그래. 알았어. 한번 마련해 볼게."

쉽지 않았다. 아는 사람 통해 대출을 받아 마감 시간 직전에 겨우 입금시켰다. 그리고 감사하게도 2학기부터는 반액 장학금을 받게 되었다.

하지만 나머지 반액도 우리에겐 엄청난 부담이었다. 그 돈을 마련하는 데는 둘째 딸 다솜이의 역할이 컸다. 다솜이가 충남대 산업미술학과를 다니며 방학동안 아르바이트 해서 번 돈을 언니 등록금으로 내놓았다.

그랬더니, 정작 다솜이의 기숙사비가 없었다. 이번엔 빛나가 2010년 디자인 수도가 된 서울에서 기념품 디자인 공모전이 전국적으로 열렸을 때, 친구들과 공동 작품을 응모해 대상을 받았.

거기에서 나온 상금으로 다솜이 기숙사비를 대주었다.

올해는 빛나가 전액 장학금을 받았다. 우리는 끼워 맞추듯 채워주신 분이 하나님이심을 알고 아이들을 모아 감사기도를 드렸다. 아이들은 부모가 해 주는 것보다 한 가지를 더 돌려준다.

감격이다.

감동이다.

우리는 아이들에게 주는 것보다 받는 게 더 많다는 것을 빨리 알아야 한다. 왜냐면, 그래야 더욱 아이들을 소중히 여기고, 바르게 교육시킬 수 있기 때문이다. 또한, 내가 주는 것 이상으로 남에게 줄 수 있는 사람, 내 아이를 낳고 싶어지기 때문이다. 이것이 행복이다.

많으면 많을수록

인생은 먼 길을 가는 것이다. 그래서 나 혼자, 부부만 가다 보면 외로워 지친다. 가다 보면 빨리 갈 때도 있고, 천천히 갈 때도 있다. 그야말로 빨리 갈 때는 가족이 거추장스럽다. 하지만 인생은 아무리 빨리 갈 때도 동반자가 필요하다. 그리고 부부에게 아이만한 행복의 동반자는 없다. 열 명의 아이만 있던 2004년의 일기다.

일 년에 한 번 정도 몸살이 났을까? 하루 꼬박 꼼짝을 못하도록 온몸이 욱신거릴 때도 다음 날은 거뜬히 일어나곤 했다. 그런데 얼마 전, 지독한 감기에 걸려 거의 일주일을 누워 있어야 했다. 눈에 보이는 일, 생각 속에 쌓여 있던 일들이 처리되지 못한 채, 남편은 남편대로, 아이들은 아이들대로, 집안은 구석구석 쌓여가는 일거리들로 내가 일어나길 기다리고 있었다. 나의 자리, 나의 일, 나의 존재, 나의 가치, 나의 필요성…….

많은 모양의 나를 느끼게 했다. 다른 사람이 아닌 내가 내 가정에 꼭 있어야 하며 나에게 주어진 일을 하고, 나를 필요로 하는 가족에게 나의 존재를 보여줄 때 비로소 나의 가치가 빛난다는 것을 알게 되었다.

나만 그런 것이 아니었다.

소다미에게 밀려 아직 어린데도 조금은 관심 밖이었던 뜨레가 3일 동안 열몸살을 앓았다.

밤새 뜨레 옆에서 물수건으로 몸을 닦아 주던 날, 뜨레는 무언으로 자기 존재를 가족에게 알렸다.

"엄마, 뜨레는 좀 어때요?"

"뜨레, 열은 내렸어요?"

모두 뜨레를 걱정하며 물었다.

뜨레는 관심 밖에 있었던 것이 아니다. 특별한 때 관심을 조금 더 받았을 뿐이다. 누구도 관심이나 사랑을 더 받거나 덜 받지 않는다.

"아이가 많으면 사랑도 나눠서 줘야 하니까, 한 아이에게 가는 사랑의 십분의 일밖에 안 되는 것 아냐?"

그렇지 않다. 물질은 십분의 일로 나눠 줄망정, 아이들에게 쏟는 사랑과 관심은 모두에게 한 개를 준다. 아빠, 엄마는 아기가 잉태할 때부터 그 아이에게 줄 사랑을 온 몸으로, 온 맘으로 한 개씩 만든다. 그것은 아이를 주신 하나님의 축복이다. 나는 그것이 열 개 있다.

내가 대단해서가 아니다.

사랑이 많아서도 아니다.

열 명을 낳았기 때문이다.

물질을 나눠 줬다고 해서 사랑이 부족한 아이가 되지는 않는다. 오히려 나눠 가진 물질로 더 큰 사랑을 받게 된다. 나로 인해 물질을 나눠 가져야 했던 형제들이기에 더욱 사랑하게 되고, 그 사랑으로 인해 작은 물질도 아낌없이 나누게 되는 것이다. 다드림이 용돈을 받아가던 날, 100원짜리 라면과자를 다섯 개 사서 동생들 앞에 '턱' 내놓으며 말했다.

"자, 먹어."

아이들은 형이 자랑스럽고 고맙기만 했다.

"고마워."

"맛있다."

"맵지?"

"그래도 맛있어."

매워도 잘 먹던 바른이랑 이든이가 물 먹으러 나와 냉장고에서 매달려 시원하게 얼린 물을 한 컵씩 마신 뒤, 바른이가 한 컵을 더 따랐다.

"이거 드림이 형 갖다 줘야지."

"드림이 형도 시원한 물 달래?"

"……."

달라고는 안 했지만 이 시원한 물을 고마운 형에게도 주고 싶었던 바른이의 마음이 보였다.

다들 맛있게 먹고 있는데 모아는 밖에 나가 있다가 먹질 못했다. 이제 말을 좀 할 줄 아는 라온이가,

"형아, 한 마리 어디 있어?"

"형아~ 한 마리?"

하나, 둘도 모르는 라온이지만, 같이 먹어야 할 누나가 한 명 보이지 않는다는 것을 안다. 물질을 십분의 일로 나눈 형제이기에 사랑과 관심을 십으로 곱해야 한다는 사실을 일찍부터 깨달은 것은 아닐까? 나를 사랑하는 사람이 가족을 사랑한다. 가족을 사랑하는 사람이 남을 사랑할 줄 안다. 남을 사랑할

수 있는 사람은, 물질은 나누고, 사랑은 곱할 줄 안다.

지금은 열세 명이다.

몇 명이 더 생겼다고 해서 이 법칙이 변하지는 않는다. 다만 우리의 먼 인생길에 나누고 곱하며 함께 가 줄 동반자들이 많이 있다는 것은 나의 힘이고, 우리의 힘이요, 하나님이 주신 행복의 힘이다.

내 딸로 태어나줘서

연극 '친정엄마'의 광고를 TV에서 봤다. 강부자 씨가 "네가 내 딸

로 태어나줘서 참 고맙다" 라는 말을 하는데 갑자기 가족을 떠나 생활하고 있는 빛나가 생각났다. 얼른 전화를 걸었다.

"네, 엄마!"

"빛나야, 지금 TV에서 '친정엄마' 라는 연극 광고를 하는데 강부자 씨가 이런 말을 하더라. '네가 내 딸로 태어나 줘서 참 고맙다' 고…… 엄마도 이 말 하고 싶어서 전화했어. 엄마 딸로 태어나 준 것도 고맙고, 맏이로서 열심히, 착하게 살아줘서 고마워."

"하하하~ 엄마, 나도 고마워요."

간단한 통화였지만, 서로가 사랑하고 있다는 것을 표현하듯, 서로가 고마워하고 있다는 것을 표현하면 더욱 행복해진다. 사랑을, 고마움을 표현할 수 있는 아이가 있다는 것은 행복을 보장한 희망임이 분명하다.

할머니가 되어도 걱정 없어

"엄마도 할머니가 돼요?"

밑도 끝도 없이, 저녁 준비로 바쁜 내 곁에서 한참을 바라보던 소다미가 물었다.

"그럼, 엄마도 할머니가 되지."

"어우~우리 엄마 예쁜데……."

아쉬움과 안타까움, 그리고 서글픔을 머금고 소다미가 다시 물었다.

"언제 할머니가 되는데요?"

"빛나 언니가 결혼해서 아기를 낳으면 아빠, 엄마는 할아버지, 할머니가 되는 거야."

그러자 소다미는 잠시 슬픈 눈으로 생각에 잠기더니 말했다.

"우린 외할머니, 외할아버지 있는데……."

"근데, 엄마는 소다미한테 끝까지 엄마야."

"하지만 엄마가 할머니가 되면 늦잖아요."

소다미도 나도 눈물이 그렁그렁 맺혔다.

70,80세의 내 모습을 생각해 보았다. 얼마 전, 수양버들 늘어진 강줄기를 타고 들어오는 길가 언덕에 요양원이 생겼다. 남편과 방문한 요양원에는 아직 방들이 많이 비어있었다. 하지만 머잖아 빈 방이 없어 환자를 받을 수 없을 것 같았다. 시설이 깨끗하고 편리하게 잘 되어 있었고 직원들도 참 친절했기 때문이다. 들기로는 요양원에 오시는 분들은 두 부류라고 했다. 자녀들이 정말 잘 모시고 싶은데, 다 바쁘고 집에서는 편하게 모실 수가 없어서 돈을 내고라도 전문가들의 보호를 받으시게 하기 위해서 오신 분들과, 자녀들이 서로 모시기 싫다고 거부하다 고려장처럼 오시게 된 분들이라고 한다.

지난 2월 소다미의 초등학교 입학을 앞두고 고막에 튜브를 끼우고 편도선 수술을 하기 위해 병원에 입원을 했다. 소다미가 화장실을 가고 싶다고 해서 링거 걸이를 밀고 화장실에 들어가 소다미의 옷을 내리고 입는 것을 도와줬다. 잠시 후 한 할머니께서 혼자 링거 걸이를 밀고 화장실에 오시는 것을 보았다. 소다미가 말했다.

"엄마, 저는 엄마가 할머니 되면 엄마를 도와 드릴 거예요."

"정말? 고마워, 소다미야."

잠깐 집에 들러 집을 정리해 놓고 아이들 저녁을 챙겨주고 다시 병원으로 오려는데, 라온이가 말했다.

"어머니, 병원에 가시면 소다미 만나세요?"

"그럼! 왜?"

"그러면 소다미한테 내가 보고 싶다고 했다고 전해주세요."

"그래 알았어."

라온이는 부끄러운지 다른 방으로 뛰어갔다.

'잘 키운 딸 하나, 열 아들 안 부럽다.'

하지만 잘 키운 열 아들도 있을 수 있다.

'잘 키운 십삼 남매, 실버타운 안 부럽다.'

소문

'돼지는 살이 찌면 도마 위에 오르고 사람은 유명해지면 구설수에 오른다'는 말이 있다.

"여보세요? 여기 파출소인데요."
"네, 안녕하세요?"
"목사님은 잘 계시죠?"
"그럼요."
"아이들도 잘 크고 있죠?"
"네."
뭔가 또 이상한 소문이 도는가 보다. 말을 빙빙 돌리는 걸 보면 알 수 있다.
"저, 또 소문이 도는가 봐요?"
"아! 네. 그렇지 않아도 대구에서 전화가 왔는데, 목사님이 또 돌아가셨냐고 묻네요."
"그렇죠? 요즘 또 소문이 돌고 있죠? 사람들 참 이상해요. 왜 자꾸 헛소문을 내는지 모르겠어요."
"그러게요. 아무튼 언제 한번 찾아뵙겠습니다."
방송 출연을 거절할 때가 대부분이지만 때론 어쩔 수 없이 출연을 할 수밖에 없을 때가 있다. 알게 모르게 몇 군데 출연을 하다 보니 조

사랑해 · 행복해 · 고마워

금은 유명세를 탄 것 같다. 그것이 꼭 좋지만은 않다. 그렇다고 나쁜 것만도 아니다. 좀 이해할 수 없는 일이 생기긴 하지만…… 구설수에 오르기 시작한 것은 열째를 낳아 집에 온 지 일주일도 안 되어서다.

"아이고, 그 집이 열한째를 임신했다며?"

그런데 정말 우리는 몇 달 뒤 열한째를 임신했다. 열한째를 낳은 지 며칠 뒤,

"내가 목욕탕에서 봤는데 그 집 엄마, 또 임신했더라."

"정말?"

이 소문이 우리 집까지 오는 데는 불과 며칠이 걸리지 않았다.

"뭐? 난 목욕탕에 가지도 않는데……."

신기하게도 우린 소문처럼 열두째도 임신했고 낳았다. 그런데 이번엔 다른 소문이 돌기 시작했다.

"그 집 엄마 말이야. 다둥이 엄마, 암 걸렸다네?"

"자궁암이라며?"

또 전화가 오기 시작했다.

"별일 없으시죠?"

"네."

우린 열셋째를 낳았고 방송에도 나오고, 뉴스에도 나오고, 신문에 보도되기도 하고, 제야의 종도 타종하고 대통령 취임식에도 다녀왔다.

그런데도,

"다둥이 엄마가 죽었대."

"아냐, 다둥이 아빠가 죽었다는데?"

"무슨 소리야. 다둥이 아빠가 암 걸렸대."

우리도 모르는 발 없는 말들이, 입에 발을 달고 퍼지기 시작했다. 급기야는,

"여보세요. 목사님 계세요?"

"네. 바꿔드릴게요. 잠깐만 기다리세요."

'딸깍'

하루에도 수차례 전화로 확인을 한다. 마당 앞길에는 오고 가는 차들이 많아지고, 그 차들은 아주 천천히 우리 집을 살피며 지나갔다가 다시 되돌아 나왔다. 어떤 차는 아예 길에 세우고 쳐다보고, 간혹 어떤 분은 집에까지 들어와서 물었다.

"목사님 계십니까?"

"네."

"아이고, 반갑습니다. 이렇게 멀쩡하게 살아계신데 왜 그런 소문이 났는지 모르겠네요."

"감사합니다. 이렇게 찾아와서 확인까지 하시니."

그러던 어느 날 읍사무소에서 전화가 왔다.

"안녕하세요? 목사님 계십니까?"

"네. 안녕하세요. 바꿔드릴게요."

"아, 아닙니다. 별일 없으시죠?"

"네."
"그럼 됐습니다. 사실은 소문 때문에 시청에서 진상여부를 알아보라고 해서요."
"네."
뭔가 심상치 않았다. 파출소장님까지 집으로 찾아오셨다.
"소문 때문에 오셨어요?"
"네."
"이번엔 어떤 소문인데요? 저희는 죽었다는 소문밖에 모르는데, 조금 이상해서요. 다들 웃기만 하고, 아무도 말씀을 안 해 주시네요."
"아, 그렇죠. 다들 말 못하시죠?"

주기적으로 소문이 바뀌더니, 이번엔 기가 막히는 소문이 돌았다.

남편이 바람이 나서 어떤 여자와 도망을 갔다가 집에 돌아와 아이들이 있는 방에서 목을 맸는지, 약을 먹었는지 하여 자살했다는 이야기다. 어떻게 이런 소설 같은 이야기를 만들었는지 모르겠다. 그래도 웃어 넘겼다.

'소문일 뿐인데 뭐' 하며.

그런데 점점 사태가 심각해졌다. 그 소문은 구미시 전체에 퍼졌고 대구, 대전, 김천, 부산, 서울에서까지 전화가 왔다. 주변에서 우리 가족을 항상 보는 사람들은 우리와 똑같이 "사실이 아니다"라고 답변하느라 바빴다. 읍사무소, 경찰서, 파출소는 매일 사실 여부를 묻는 전화 때문에 곤란해졌고, 읍장님께서는 결국 어떤 조치를 취해서 소문을 잠재워야겠다고 하셨다. 그래서 신문에 '다둥이네 행복한 가족 나들이'를 가족사진과 함께 기사로 냈지만 소용이 없었다. 일부러 그렇게 거절하던 방송에도 출연해서 열세 명의 아이들과 함께 웨딩 촬영도 했다. 그러나 그것도 소문을 잠재우는 데는 별 효과가 없었다. 학교에서 돌아온 이든이가 말했다.

"어머니, 제 친구가 뭐라 그러는지 아세요?"

"뭐라 그러는데?"

"'너네 아빠 죽었나?' 하는 거예요."

"그래서 뭐라 그랬어?"

"'네가 보기에, 내 얼굴이 아빠가 죽은 것처럼 보이나?'"

"아니."

"'우리 아버지 살아 계시거든. 그 소문 거짓이거든.'"

그래도 우린 웃었다. 거짓 소문은 진실을 가릴 수 없다고 믿었기 때문이다. 그런데 어느 날, 우리와 친분이 있던 집사님 내외분이 찾아오셨다. 그리고는 우리를 보시더니 부둥켜안고 우시며 말씀하셨다.

"감사합니다. 감사합니다."

"왜 그러세요? 진정하시고 말씀해 보세요."

"지난주에 목사님 장례식이었다고 누가 그러는데, 차마 와 볼 수가 없었어요. 하도 소문이 어이가 없어서요. 그러다가, '도대체 그럴 분이 아닌데 이상하다, 한 번 가서 확인해 보자' 생각하고 그 많

은 애들과 사모님은 어떻게 되셨을지 궁금하기도 해서 조심스럽게 와 봤어요."

"이제 구체적으로 장례식까지 소문이 났군요."

집사님 내외분은 사실이 아니라는 것을 확인하시고는 기뻐 울다가 나중에는 웃으시며 돌아 가셨다. 악성 루머 때문에 자살하는 연예인들이 이해가 갔다. 아무리 진실을 밝히려 해도, 거짓에 더 기울어지는 사람들의 관심은 자신들의 시기심이 진실을 덮고 한 사람을 매장하고 있다는 사실조차 모른 채 악성 루머 자체를 즐기고 있는 듯하다.

그렇다고 우리가 자살하지는 않는다. 우리는 살아계신 하나님이 주신, 이 귀한 생명을 함부로 여기지 않는다. 다만, 이 일들로 인해 하나님의 영광이 가려지거나, 교회와 목사님들이 욕을 먹거나 어려움을 겪지 않도록 기도하고 있다.

어느 집사님에게서 전화가 왔다.

집사님이 일하시는 백화점에서 두세 명 빼고는 목사님에 관한 소문이 다 사실이라고 믿고 있다며 아무리 아니라고 말을 해도,

"TV뉴스에 세 번이나 나왔다는데 무슨 소리냐, 죽은 게 맞다" 고까지 말하며 아무도 진실을 믿어주지 않아 답답하다고 전화를 하셨다. 다음 날, 우리는 남편과 아이들 일곱 명을 데리고 백화점에 갔다. 살 것도 없는데 매장을 두 바퀴나 돌았다. 우리를 보고 놀라는 사람들의 표정이 마치 죽었다 살아난 나사로를 보는 것 같았다. 그 사람들이

놀라며 바라본 것은 '우리'가 아니라 '진실'이었다. 진실을 본 사람들은 부끄러울 수밖에 없다. 거짓은 진실 앞에서 수치를 당할 수밖에 없기 때문이다. 지금도 소문은, 남의 말 하기를 좋아하는 사람들의 입을 통해 쑥덕쑥덕 옮겨 가고 있다.

　그것이 거짓인지도 모르고…….

　소문을 막을 수는 없지만, 언젠가 진실 앞에서 거짓 소문은 부끄럽게 꼬리를 감추게 될 것이라 믿는다. 그리고 가족이 있고, 고마운 이웃들이 있기에 견딜 수 있다.

And

함께 크는 아이들

    너른 감천에 물이 말랐다. 쥐불 놓아 까맣게 그을린 뚝방에, 쑥이 은초록 이파리를 드러내면 시골집엔 쑥떡 한입 물고 코 끝에 묻은 콩고물 바라보며, 마주앉아 웃는 아이들 입이 즐거워진다.

    시시콜콜한 정이 산에도 강에도 들에도 아이들 마음에도 스며, 바라다 보이는 자연에 온통 아이들의 정이 서려있다. 개나리에 뒤질 새라 벚꽃이 피고 질 때, 라일락이 향기를 뿌린다. 맴돌아, 맴돌아 빵빵해진 꿀벌이 이 꽃, 저 꽃 옮기듯 온 동네 맴돌며 제 몸보다 큰 자전거를 타고 도는 아이들은 맑은 공기 마시며, 제각각의 아름다움을 뽐내는 꽃들 속의 꽃처럼 아니, '꽃보다 아이들' 처럼 함께 예쁘게 자라간다.

그리고...

part 4

And

천천히, 더디게…

끊임없이 유혹하고 흔들고 불안하게 만드는 일이 있다. 바로, 재롱둥이 내 아이가 사랑스럽고 마냥 예쁘기만 했는데, 어느 날 또래 아이가 한글을 읽는 모습에 화들짝 놀란다. 유치원에서 겨우 한글을 뗀 일곱 살 우리 열한째 만한 아이가 유창하게 영어를 하는 모습에 또 흔들린다. 초등학교 과정도 따라가기 바쁜 내 아이의 친구들이 학원을 서너 개 다닌다는 말에 불안해지는 나는 어쩔 수 없는, 이 나라의 교육현실에 부딪치며 고민하는, 고민하면서도 고집하는 엄마쌤이다.

'그래, 괜찮아. 초등학교 가기 전에는 마음껏 뛰어놀고 많은 상상을 하며, 글을 몰라도 스트레스 받지 말고, 글씨를 모르면 그림을 보면서 글보다 더 머리에 남을 자연을 보면 되는 거야.'

초등교육, 선행학습은 쉽지 않았다. 학원이나 학습지조차 하지 않는 우리 아이들에겐, 배운 것을 복습하며 뒤처지지 않도록 따라가기도 바쁜 일이었다.

그래도 우수과목이 많았다. 욕심은 채워지지 않는 기울어진 주전자와 같다. 가득 채우려면 주둥이로 실실 빠져나가 다 찬듯해도 뭔가 더 채우고픈 미련이 남게 한다. 여기까진 좋을 수 있다. 그것이 집착이 되어 내 아이를 조이면 행복한 기억, 아름다운 추억이 만들어져야 할 시기에 아이들의 하루하루는 학원과 학원 사이에서 찌들게 된다. 우리 아이들이 중학교에 들어가서 처음 받아오는 성적표는, 나를 실망시킨다. 이제 일곱째가 중학교에 입학하는데 여섯째까지 그랬다. 일곱째도 아마 그럴 것이다. 포기한 것처럼 보이지만 그렇지 않다. 포기가 아니라 인정하는 것이다. 사교육 없이 초등 과정을 마친 아이들의 실력은 나보다 우리 아이들을 더욱 놀라게 한다. 머리가 남달리 좋은 아이나 전 과목 학원을 다닌 아이들을 따라가는 것은 우리 아이들에게 차라리 포기하고픈 성적이다. 중학교 시절을 실망과 좌절로 시작한 아이들에게 필요한 것은 빨리 인정해 주는 것이다. 그리고 여전히 학원을 의지하는 친구들과의 싸움은 결코 쉽지 않지만 꿈을 심어주어야 한다.

"넌 너의 의지로 해낼 수 있어. 빨리 잡으려 할 필요 없어. 꾸준히 하면 되는 거야. 그동안 배웠던 피아노도 치고 기타도 배우고 농구도 하고……."

그래서인지 정말 천천히, 너무 더뎌서 어떨 땐 조바심이 날 때도 있었다. 그러나 서서히 중간을 지나 중·상위권으로 접어드는 아이들. 문제는 이 시기에 고등학교를 입학하게 되고, 자신감과 의욕이 생기는 시기엔 대학 문턱에 서게 된다는 것이다. 아쉽게도…… 그러나 걱정할 필요 없다. 어느 대학을 가든, 이제 앞서갈 차례다. 그동안 꾸준히 올라가는 법을 배웠다. 조급해 할 필요 없이 여유 있게 즐기며 발돋움 해 나가면 된다. 좌절보다 무서운 적은 나태함이다. 좌절을 맛 본 성실한 사람은 좌절을 맛보지 못한 나태한 사람보다 발전할 가능성이 훨씬 높다. 또한 아이를 진정 위한다면 여유와 낭만을 성실한 습관 옆에 두어야 한다.

강의가 있어 안동 YMCA에 다녀오는데 둘째 딸에게서 전화가 왔다.
"엄마, 제 친구 ○○이 아시죠?"
"응, 고등학교 때 공부 잘했던 친구?"
"네, 근데 그 친구가 죽었대요."
"어머, 왜?"
"자살했대요. 성격도 활발하고 공부도 잘했던 친군데, 우울증이 왔대요."
삶에 여유와 낭만이 없다면 성실한 습관도 행복을 줄 수 없다.

진짜 가르침

　세상에는 하고 싶은 일들도 참 많지만, 문제는 해야 할 일들이 더 많다는 것이다. 아이 두세 명을 키운 주부라면 어느 정도 시간적인 여유가 생길 것이다. 그래서 맘만 먹으면 무엇이든 할 수 있을 것이다. 동창생도 만나고, 등산도 하고, 여행도 하고, 취미생활과 여가생활도 얼마든지 할 수 있을 것이다. 하지만 아직 어린 아이와 지치도록 부대끼는 엄마라면, 해야 할 일들이 하고 싶은 일보다 우선되지 않으면 어려움이 생긴다. 신혼 초에는, 주부로서 해야 할 일보다 하고 싶은 일이 훨씬 많았다. 그리고 할 일도 별로 많지 않았다. 그런데 아이가 한 명 생기고, 두 명 생기고 나니 해야 할 일이 많아졌다. 그즈음부터는 포기한 것이 참 많다. 뒤로 미룰 수 없는 중요한 일, 자녀 교육 때문이다.

대구에 잘 아는 치과의사 부부가 있다. 어느 날 의사 선생님의 어머니 댁을 방문했는데, 예전과 달리 손자손녀들이 보이지 않았다.
"왜 아이들이 없어요?"
"애들 엄마에게 보냈어요. 이제 엄마가 봐요."
"치과는 어떻게 하고요?"
"다른 의사선생님을 구해 월급을 주고 며느리는 애들 클 때까지 살림하며 애들 돌보기로 했어요."
"월급 주는 것보다 직접 하는 것이 수입이 많지 않나요?"
"당연하죠. 그래도 아이들 교육이 더 중요하니까요."
"그동안 할머니께서 잘 봐주셨잖아요."
"아이들이 어릴 때는 양육만 잘하면 되지만, 학교 들어 갈 무렵이 되니까 교육이 문제가 되더라고요. 부모로부터 받는 바른 교육이 필요한 거죠."
충격이었다. 이렇게 바르게, 제대로 알고 그것을 과감히 실천하는 사람이 흔치 않다. 수입이 많고 적고를 떠나 아이를 학원에 맡기고 학원비를 벌기 위해 직장에 다니는 편이 훨씬 수월하다고 생각하는 엄마들이 더 많은 것이 현실이다. 물론 생계를 유지하기 위해 어쩔 수 없는 경우도 많다. 그런 경우라 할지라도 자녀 교육은 무엇보다 우선되어야 한다고 생각한다.

무조건 직장을 그만두어야 한다는 것이 아니라, 직업을 가질 수밖에 없는 사정과 환경 속에서도 올바른 교육을 위해 아이들에게 최대한의 관심을 가져야 한다는 것이다.

교육이란, 말 그대로 가르치며 기르는 것이다. 요즘 엄마들은 '기르기'를 참 잘한다. 아이들 몸에 좋은 음식과 운동은 기본이요, 성장에 필요하다면 호르몬 주사도 영양제도 꼬박꼬박 잘 챙긴다. 그렇다면 '가르치는 것'은 어떠한가? 물론 다들 잘 가르치리라 생각한다. 아쉬운 것이 있다면, 공부가 가르침의 많은 비중을 차지한다는 것이다. 진짜 가르침을 생각해 보자. 그리고 내 아이의 삶이 엄마의 가르침으로 아름답고 행복해지길 기대해 보자.

113 그리고…

말버릇, 존댓말을 가르쳐요

아이가 태어나 살을 맞대고 눈을 맞추며 알아가기 시작한 사람, 아빠와 엄마. 두 팔로 품기 전부터 몸속에 나를 품어주셨던 분들은, 낳아주신 것만으로도 감사하며 평생 섬겨야 할 분들이다. 어린 아이가 무엇으로 섬길 수 있을까 싶겠지만 어릴수록 더 섬김을 가르쳐야 한다. 그 시작이 존댓말이다. 어린 아이가 말을 배우기 시작하면, 한 마디 한 마디 표현하는 것만 보아도 흐뭇하고 사랑스럽다. 그런데 아이들은 존댓말을 잘 모르기 때문에 쉽게 할 수 있는 반말부터 하게 된다. 어릴 때부터 가르친 탓에 존댓말을 곧잘 하던 온새미가 서너 살 무렵, 다시 반말을 하려고 했다.

"엄마, 밥 줘."

"다시 말해봐."

"엄마, 밥 주세요."

이러기를 수도 없이 반복하며 온새미에게

"이제 반말로 하면 대답 안 할 거야."

하고 말했고, 대신 존댓말을 하면 안아주고 칭찬해주고 뽀뽀해주었다. 요즘은 길게 말할 때도 존댓말을 한 것에 대해 스스로 대견해하며, 자신이 말의 습관을 고쳤다는 것을 자랑스러워한다.

언젠가는 이렇게 말했다.

"엄마, 가온이 언니가 자꾸 손난로 안 준대요."

"정말?"

"엄마, 제가 반말 안 했어요."

웃음이 절로 나왔지만 존댓말의 의미도 모르던 온새미가 어느새 어떻게 어른을 존경해야 하는지 배운 것 같아 기특했다. 고등학교에 들어간 모아가 어느 날 친구와 이런 대화를 나누었다고 했다.

"니는 엄마한테도 존댓말하나?"

"그럼."

"난 아빠한테는 가끔 하는데 엄마한테는 못하겠더라."

"우린 어려서부터 다 존댓말 했거든"

"나도 나중에 결혼해서 아기 낳으면 꼭 존댓말 가르쳐야지."

순종하는 아이

어느 부모가 자식에게 나쁜 것을 가르칠까. 좋은 것, 바른 것, 옳은 것…… 그중에서도 나는 순종에 대해 많이 가르쳤다. 어릴 때부터 부모님의 말씀에 "네"라고 대답하는 것을 배운 아이들은 "싫어요"라는 반항을 잘 하지 않는다. 가끔 "왜요?"라고 질문할 때는 이해시키고, 잘 이해하지 못할 때는 지금은 잘 몰라도 일단 순종하면, 훗날 알게 될 거라고 가르쳤다. 부모가 무조건 강요하고 강제로 끌고 간다는 것이 아니다. 어려서부터 서로의 의견을 존중하고 질서를 따라 순종하게 하는 것이다. 대학생이 된 아이들이 자기의 주장을 이야기할 땐 그들을 이해하려 애쓴다. 하지만 부모의 권위를 넘어 대항할 때는 대학생일지라도 회초리를 든다.

"아빠, 엄마는 너희들이 어른이 되어도 부모야. 얼마든지 너희들 생각을 이야기할 수는 있지만, 부모를 훈계하거나 권위에 대항하는 행동은 용납할 수 없어. 왜냐면 부모는 너희를 낳았을 뿐 아니라, 지금의 너희가 있기까지 사랑했고 앞으로도 너희를 무조건 사랑해 줄 사람이니까."

성인이 된 아이들이 의견을 말하고 부모의 의견을 듣고 결정을 내리되, 최종 결정은 부모와 함께 기도하며 내린다.

고맙다고 표현하는 아이

다음으로는 감사를 가르쳤다.

자칫하면 부모는 당연히, 으레 아이들에게 옷 사주고 먹을 것 해주고, 재워주고, 모든 것을 해줘야 되는 사람으로 아이들이 생각할 수 있다. 부모도 그것이 당연하다고 생각하는 경우가 많다. 그것이 잘못됐다는 것이 아니다. 사람은 자기가 받은 은혜에 감사할 줄 모르면 안 된다는 것이다. 비록 당연한 것일지라도, 그 대상이 부모일지라도, 오히려 부모이기 때문에 더욱 감사를 표현하게 했다. 옷을

사 줘도,

"감사합니다. 어머니."

아이스크림을 사 줘도,

"아버지, 감사합니다."

양말을 찾아다줘도,

"엄마, 감사합니다."

말하게 했다. 일일이 말로 표현하지 않을 때는 표정으로 감사함을 느끼는 것을 알 수 있다.

부모를 공경하라는 말은 하지 않았다. 하지만 아이들은 이미 부모를 공경하고 있다. 자식을 사랑하되 어려서부터 마땅히 행할 바를 가르치지 않으면 자식도 부모를 사랑하되 마땅히 해야 할 도리를 다하지 못한다.

함께 모으는 기쁨

날 사랑해주는 부모로부터 나와 같은 사랑을 받으며 날 사랑해주는 형제들. 말하자면, 수직의 사랑을 주고받는 관계가 부모와 자식 사이라면 수평의 사랑을 주고받는 사이는 형제간이다. 아무리 사랑해도 일찍 떠나야 하는 부모를 대신해 거의 평생을 사랑하며 보듬어주고 감싸주는 사이. 형제가 두 명이든 열 세 명이든 우리 부부는 어려서부터 함께 모으는 것을 가르쳤다.

"얘들아, 모두 모여 봐."
"얘들아, 오늘은 함께 힘을 모으자."
"얘들아, 다 같이 모여 기도하자."
"얘들아, 함께 축하해 주자."
"얘들아, 우리 다 같이 위로해 주자."
"얘들아, 용돈 모은 것을 합해 보자."

함께 모으는 것은 매우 중요하다. 내 물질, 내 시간, 내 마음, 내 몸, 내 능력, 내 생각…… 이것이 모였을 때 뭐라도 할 수 있게 된다.

어느 해 설날, 친척집에 다녀왔다. 세배는 하되 세뱃돈을 받지 않기로 아이들과 약속했다. 약속대로 아이들은 극구 거절했지만 아이들 기분을 생각하라며 어른들이 세뱃돈을 나눠 주셨다. 열세 명을 챙겨주시는 것이 너무 죄송했지만 어쩔 수가 없었다. 3박 4일을 열다섯

명이 북적거리며 묵었던 친정에서 오던 날, 우리는 아이들을 모았다. 그리고 세뱃돈도 모았다. 첫째부터 막내까지 모두 모았더니 몇십만 원이 되었다.

"애들아, 우리 가족이 여기에서 3박 4일을 묵었는데 아무리 외할머니 댁이라도 보일러 기름 값에, 음식 값에, 신세를 많이 졌으니 감사하는 마음으로 이 돈을 고생하신 외할머니께 드리는 게 어떨까?"

"좋아요."

"네, 다 드리셔도 돼요."

만장일치로 몇십만 원을 봉투에 넣어 출발하기 전에 드렸다. 안 받으려고 하셨지만 아이들 마음을 생각하시라며 드렸다. 아낌없이 내어놓은 아이들이 고마워서 천 원씩을 나눠 주었다.

"이것으로 군것질해도 돼."

"감사합니다."

"안 주셔도 돼요."

무엇이든 모은다는 것은 좋은 것 같다.

함께 나누는 기쁨

형제간에 나누는 것도 가르쳤다.
"얘들아, 이거 나눠 먹어라."
"얘들아, 이거 나눠 가져라."
"얘들아, 청소 나눠서 해라."
"얘들아, 시간 나눠서 컴퓨터 해라."
　모으는 것 못지 않게 나누는 것도 너무 중요하다. 우리 아이들은 일주일 용돈이 500원이다. 그리고 2주에 한 번은 십일조 100원을 한다. 용돈을 받는 매주 금요일을 아이들은 손꼽아 기다린다. 그리고 500원을 받아들고 학교에 가면서 아직 초등학교에 다니지 않는 동생들에게 이야기한다.

"언니가 맛있는 것 사다 줄게."
"오빠가 사다 줄게."

덩달아 동생들까지 즐겁다. 학교에 다녀온 아이들이 나눠주는 간식은 볼 것도 없이 불량식품이다. 하지만 자기 먹기도 모자랄 간식을 동생들 나눠 주겠다고 먹지도 않고 가져오는 아이들을 보면 웃음이 나온다. 피자가 생기는 날이면 인원에 맞게 정확히 나눈다. 간혹, 한 두 쪽이 남으면 또 다시 나눈다. 맛있는 반찬이 올라와도 자신이 얼마만큼을 먹어야 모두가 골고루 먹을 수 있는지 계산한다. 작은 돼지저금통에서 꺼낸 돈 중 일부를 형편이 어려운 가정에 주기로 했다. 비록 적은 돈이지만 아이들은 나누는 것이 얼마나 기쁜 일인지 깨달아 가고 있는 것이다.

특별히 가르치지 않았는데도 아이들 속에는 철저한 위계질서가 있다. 1년 차이도 안 나는 누나에게도 누나 대접을 깍듯이 한다. 아빠, 엄마께 순종하듯 누나, 형도 당연히 윗사람이기에 순종해야 한다는 것을 안다.

또한 누나, 형은 동생들을 돌보고 가르쳐야 한다는 것을 너무도 잘 안다. 형제가 많을수록 장남의 위치가 중요한 것 같다. 딸들이 결혼할 후에도 친정에 모일 수 있는 구심점이며 아들들에게도 형제간에 모일 수 있는 구심점이기에 장남의 역할을 강조하는 편이다. 장남을 편애해서가 아니라 부모가 없어도 형제들을 모으고 사랑을 나눌 수 있는 중심이 장남이기 때문이다.

선생님 존경하기

예나 지금이나 선생님이 되기란 정말 힘들다. 누구나 할 수 있는 것이 아니라고 생각한다. 그만큼 공부하고 인격을 다듬고 사명감을 가진 분들이 바로 선생님이다. 어떤 이유로도 선생님께 무례하게 행동해서는 안 된다. 가르치는 사람과 배우는 사람 사이에는 존경과 신뢰가 있어야 한다고 생각한다. 아이들에게 선생님 말씀을 잘 들으라고 할 때, 수업시간에 한 마디도 놓치지 말라는 말 외에, 선생님의 모든 가르침에 귀 기울이고 예의를 갖추라는 것도 가르쳐야 할 것 같다. 부모가 선생님을 존경할 때 아이들도 선생님을 존경하게 되기 때문이다.

이든이가 다섯 살 때의 일이다. 유치원 선생님과 찍은 사진을 들고 요리조리 보며 좋아하는 바른이에게 이든이가 물었다.
"이거 누구야?"
"나야."

"이건 누군데?"

"이거라고 하지 마. 선생님인데, 우리 선생님."

"이거 선생님이야?"

"또 이거래! 엄마, 이든이가 자꾸 우리 선생님보고 이거래요!"

"이든아, 이거라고 하면 안 되는 거야. 사람인데."

"그럼, 이거 사람이야?"

"이거라고 하지 말라니까?"

급기야 바른이는 화를 냈다.

"내가 뭐……."

이든이는 울먹였다. 말 잘하던 이든이도 그때는 이해 못하는 말이 있었다.

선생님을 존경할 줄 아는 아이들이 가르치는 입장에 서게 됐을 때 존경받는 선생님이 될 것이다. 사람은 평생을 누군가에게 배우며 산다. 배움은 눈에 보이지 않지만 사람을 바꾸는 엄청난 힘을 가졌다. 그렇기 때문에 그 어떤 은혜 못지않게 스승의 은혜를 잊어서는 안 된다.

좋은 친구가 되어주렴

'꽃향기는 천 리를 가지만 사람의 덕과 배려는 만 년 동안 간다.'
공간과 시간의 비교가 맞지 않는다는 생각이 들면서도 오래도록 아름다운 정을 간직하고 멀리 전해지는 것이 친구와의 우정인 것 같다. 그 우정에 덕과 배려가 빠질 수 없을 것이다. 가족도 아니면서 나에게 많은 영향을 주고, 나로 인해 많은 영향을 받는 사이가 친구 사이이다. 그래서 우리 부부는 나보다 잘난 친구에게 배울 점이 있듯, 나보다 못한 친구에게 좋은 영향을 끼치는 친구가 되어야 한다고 가르친다.

셋째가 고등학교에 들어갈 때 조금 걱정스러웠다. 누나들이 다닌 학교와 달리 질이 썩 좋지 않은 친구들이 있다는 이야기를 들었기 때문이다.

"네가 머무는 곳에서 주변을 변화시키는 사람이 되면 좋겠어."

"제가 어떻게요?"

"어려울 것 없어. 그냥 그대로 친구에게 웃어주고 덕을 끼치고 이해해주고 배려하면 돼."

셋째의 어떤 노력이 있었는지는 모른다. 어찌 되었든 졸업식에서 셋째와 함께하는 많은 친구들과의 우정 어린 모습은 나에게 감동을 주었다. 오래도록 그립고 반가운 친구들이 되어주길 바란다.

나라 사랑, 태극기 사랑

내가 초등학생일 땐 국경일이 되면 태극기 다는 것이 숙제였다. 태극기가 없어서 못 단 다음 날에는 영락없이 야단을 맞았다. 그때는 애국심보다 수치심에 태극기를 달려고 했던 것 같다.

'내가 어른이 되면 태극기를 꼭 달아야지.'

아파트에 살던 신혼 초에도 태극기를 달았다. 어릴 때의 수치심 때문이었는지도 모른다.

아이들이 학교에 들어갔다. 국경일이 되었다.

"선생님께서 태극기 달라고 하셨어요."

"그래!"

난 너무도 자랑스럽게 태극기를 달았다. 다음 날, 학교에서 돌아온 아이에게

"선생님께서 태극기 단 사람 누군지 물어보셨니?"

"아니요."

왜 그리 실망스럽던지. 그 후에도 몇 번의 국경일이 지날 때마다 아이에게 물어봤다. 여전히 별 반응이 없었다. 그러면서 점점 국경일이 되면 선생님 말씀과 상관없이 아침에 아이들을 깨워 오늘이 무슨 날인지, 무엇을 기념하는 날인지, 우리나라가 있다는 것에 감사하고 소중히 여기며 이 나라를 지켜나가야 한다는 것을 가르치게 되었다. 그러다 보니 이젠 숙제가 아닌, 나라를 사랑하는 마음으로 태극기를 단다. 아이들에게도 수시로 나라의 소중함을 인식시키고 나라를 위해 함께 기도한다.

본대로 보고 자라는 아이들

단순 공갈로 감옥에 온 죄수가 있었다.

그는 글을 모르는 사람이었다.

그를 안쓰럽게 생각한 어느 간수가 정성을 다해 글을 가르쳤다.

그가 형을 다 살고 출감하던 날, 간수도 새 삶을 살 그를 보내며 기뻐했다.

얼마 뒤, 그가 다시 감옥에 들어왔다.

죄목은 '공문서 위조'

도덕이 없는 가르침은 그를 더 큰 죄수로 만들었다.

아이들에게 도덕을 가르쳐야 한다. 학교에서 배우는 도덕도 필요하지만 부모가 가정에서 가르쳐야 할 너무도 많은 도덕이 있다. 때에 따라, 환경에 따라 적절한 도덕심을 길러주어야 한다. 그러기 위해서는 부모가 먼저 본이 되어야 한다. 말로 가르치기보다 삶을 보고 배우게 하는 것은 부모에게 엄청난 부담이 아닐 수 없다.

그래서 자녀는 부모의 거울이라고 하는가 보다. 이제 우리 자녀에게 글보다 도덕을 몸으로 먼저 가르치는 부모가 되어야겠다. 평생을 가르쳐야 할 것이다. 어찌 보면, 내가 도덕적인 사람이 되려고 애쓰는 것이 바로 도덕을 가르치는 것이 아닐까 생각한다. 자녀는 욕하는 부모를 보고 욕을 배운다. 거짓말하는 부모를 보고 쉽게 거짓말을 한다. 남을 헐뜯는 부모를 보고 남을 헐뜯는다. 그래서 우리는 고쳐야 할 것이 참 많다.

사랑해 · 행복해 · 고마워

가정교육의 기본, 신앙

신앙은 우리 가족에게 가장 기본이 되는 교육이다. 우리를 지으신 하나님께서 우리를 구원하시기 위해 죽기까지 사랑하심을 믿는 우리는, 아이들은 하나님이 우리에게 맡기신 축복이요, 선물이며 달란트라고 생각한다. 이 아이들이 믿음으로 구원을 얻고, 그리스도인으로서 빛 가운데 살아가기를 기도한다. QT로 성경말씀을 묵상하며 감사와 영광과 찬양을 하나님께 함께 드린다. 무엇보다 말씀을 머리에 담는 것 이상으로, 하나님을 의지하며 순종하는 삶을 살도록 권면한다.

둘째 다솜이가 대학에 처음 들어가 기숙사에서 생활할 때의 일이다. MT에, OT에, 많은 만남의 자리들이 있었다. 어느 날, 선후배 대면식에 다녀온 다솜이에게 전화가 왔다.

"엄마, 오늘 대면식에서 다들 술을 먹는데, 저만 안 먹었어요."

"그래. 잘 했어."

"처음에는 세 명이 안 먹었는데, 2학년 선배들이 자꾸 강요하니까 두 명이 먹더라고요. 저만 안 먹었는데 끝까지 권하는 거예요. '너는 왜 안 먹냐? 쟤들도 결국 다 먹었는데' 하는데도 '저는 다르거든요' 하면서 끝까지 안 먹었어요."

"정말 잘했다. 세상은 계속 많은 유혹을 할 거야. 주님 말씀 안에,

바로 서서 그리스도인답게 행동하리라 믿어."

"네. 알아요."

며칠 후 3학년 선배들이 권하는 술도 거절했다고 했다.

빛나가 다들 한창 멋 내고 남친 사귀는 대학교 2학년 시절,

"엄마, 저희 과 선배들이요. 저한테 '빛나야, 너는 금강석이다' 하더라고요?"

"어머, 왜?"

"저더러 '너는 얼굴도 예쁜 것이 남자친구도 안 사귀고, 술도 안 마시고, 그러면서도 모든 사람과 친하고 운동도 잘하잖아? 그러니까 요즘 보기 드문 금강석이지' 하는 거예요."

"호호호…… 그거 참 기분 좋은 말이네?"

"그렇죠?"

'금강석' 생각만 해도 웃음이 나오고 기분이 좋다.

부모가 어떻게 아이를 금강석으로 키울 수 있을까? 요즘 같은 시대에 쉽지 않은 일이다. 하지만 아이들에게 진정한 신앙심이 있다면 얼마든지 가능한 일이라고 생각한다.

한글 모르는 1학년

어떤 식으로 교과 공부를 시키는 것이 가장 좋은지는 아직도 잘 모르겠다. 목숨 걸고 교과 공부에 집착하는 엄마들과 아이들에게 놀 여유를 주며 스스로 할 때까지 기다리는 엄마들.

모든 재능을 골고루 갖춰야 한다며 학원이란 학원은 다 보내는 엄마들. 나름대로의 교육관이 있기 때문에 무엇이 옳다고 말하긴 어렵다. 다만 우리는 어쩔 수 없어서이기도 하고, 교육관이 그래서이기도 했던 방법, 그 방법을 이야기하려 한다.

일곱째까지는 병설유치원만 1년 보내고 학교에 보냈다. 당연히 글을 모르고 입학하게 된다.

넷째가 초등학교에 입학하던 날이 아직도 생생하게 기억난다.

"글 모르는 학생?"

"……."

조용히 손만 들었다.

"네. 알았습니다."

두세 명밖에 없었다. 한 달 뒤쯤, 선생님을 만나게 되었을 때다.

"처음에는 글을 모른다고 해서 문제아나 문제가정의 아이인 줄 알고 이 아이 때문에 고생 좀 하겠구나, 생각했었어요."

"글 가르치느라 고생하셨죠?"

"아녜요. 오히려 쉬웠어요. 자세와 예절이 바르다 보니 아침에 아이들에게 '차렷', '열중쉬어' 하면, 쉬는 시간에도 '열중쉬어' 자세로 있을 정도예요."

"네."

"글을 모르기 때문에 가르치는 대로 배우더라고요. 미리 글을 배우고 입학한 애들은 아무리 바르게 가르쳐도 글씨 쓰는 순서 무시하고 습관대로 하기 때문에 고치는 데 시간이 더 걸려요."

"다행이에요. 감사합니다."

크게 걱정하지 않아도 된다는 생각 때문은 아닌데 어찌되었든 일곱째까지도 그랬다. 무관심해서가 아니다. 바빠서도 아니다. 어차피 초등학교 1학년 1학기 과정은 '우리들은 1학년'을 배우며 한글을 배우게 되어 있기 때문에 그 전까지는 마음껏 놀게 하고 싶었다. 나비도 쫓아다니고, 엄마와 시장도 다니고, 아빠와 일도 하고, 텃밭도 가꾸고…… 특별한 장난감이 있는 것도 아니었다. 동생들과 소꿉놀이도 하며 엄마와 함께 하루 온종일을 보내는 아이들의 정서는 온순하고 맑고 깨끗했다.

초등학교에 입학하면 최소한 12년은 공부에 시달린다. 얼마 전, 이제 초등학교에 입학하게 될 열한째 나은이가 어린이집에서 내준 숙제를 하다가 옆에서 늘어져 자고 있는 고양이를 보더니 말했다.

"고양이는 좋겠다."

"왜?"

언니가 물었다.

135 그리고...

And

"고양이는 숙제도 안하고, 잠만 자고……"
"맞아."
"그치?"

공부를 안 할 수는 없다. 공부를 시키지 않을 수도 없다. 고양이가 부러운 것은 사실이지만 고양이처럼 살게 할 수는 없지 않은가! 그렇다고 공부의 부담으로 인해 삶이 불행하다고 느끼게 하고 싶지는 않다. 자연도 순리를 거스르지 않고 움직일 때, 제 때에 맞춰 꽃도 피고 열매도 맺는다. 아이들도 때 맞는 학습과 쉼을 누리며, 꼭 앞서가려 하기보다 둘러보며 따라가기도 하고, 나란히 가기도 하고, 그러다 앞서 가보기도 한다면 사회에 나가서도 조바심에 쫓기듯 사는 삶이 아니라 여유롭게 즐기다가 힘껏 도전해 보고 성취감을 맛보듯 패배감도 맛본다면 누구를 위로해야 되는지, 누구에게 진정으로 박수쳐 줘야 하는지, 누구를 바라봐야 하는지, 누구의 손을 잡아 주어야 하는지 알 수 있을 것이다.

유치원에서 글을 가르칠 수 없다고 했던 때가 있었다. 그런데 초등학교에 들어가니까 왜 아직 글을 모르냐고 묻는다. 그래서 여덟째부터는 어린이집에 보냈다. 그래도 한글을 다 떼지 못하고 입학했다. 왜냐하면, 어린이집 선생님께 부탁을 드렸기 때문이다.

"공부로 스트레스 주지는 말아 주세요. 글을 몰라도 괜찮거든요."
"어머! 어머니, 그러세요? 다른 어머니들은 왜 이렇게 글을 더디 가르치냐며 더 일찍 가르쳐 달라고 하세요. 어떤 어머니는 네 살짜리도 학원에 보내시는데요."

"맙소사! 정말요?"

'정말일까?'

사실이다. 아이가 즐겁게 한다면 그래도 괜찮겠지만…….

노는 것도 공부다

1학년 1학기 동안은 한글을 가르치고 2학기가 되면 똑같이 글을 읽는다. 물론 이해력이 떨어지는 건 사실이다. 그렇기 때문에 그때부터 본격적인 가정학습이 시작된다. 일단 학교에서 돌아오면 신나게 논다. 요즘 아파트에는 잘 만들어진 놀이터에 아이들이 별로 없다고 한다. 학원에 가야 친구를 만날 수 있다고 하는데, 우리 아이들은 집에 오면 함께 놀 형제가 많기 때문에 노는 문화가 발달했다. 숨바꼭질은 거의 매일 하고 편을 나눠 게임도 한다. 아홉째 뜨레는 동생 네 명과 '선생님놀이' 하는 것을 좋아한다. 언제나 선생님을 하며 동생들 공부를 가르친다. 때론 피아노 선생님이 된다. 소다미에게 제법 피아노를 잘 가르친다. 가끔씩 '가족놀이'를 하면 실감나는 역할분담이 이루어진다. 그러고 나면,

"자! 얘들아, 모여라."

"조금만 더 놀면 안 돼요?"

"시간 다 됐어. 빨리 모여."

남편이 만든 긴 상을 두 개 펴면, 아이들이 모인다.

"한자 책 한 장 해라."

한 번도 자격증 시험을 친 적은 없다. 그래도 낱말을 이해하려면 한자를 알아야 한다고 생각했기에 한글을 무척이나 자랑스럽게 여기는 우리가족인데도 한자교육을 시킨다. 영어 교과서 따라 쓰기라든지, 영어 일기 쓰기 등도 스스로 하도록 시킨다. 학원 다니는 친구들, 학습지 하는 친구들, 과외 하는 친구들을 따라가기에는 역부족이다. 그래도 집에서 할 수 있는 만큼은 가르쳐 보려고 애쓴다. 다음은 문제집을 꾸준히 공부시킨다. 매일 쌓이는 집안일들로 인해 스스로 하도록 시키고 많이 매달려 도와주지는 못한다.

그래도 우리가 기대하는 것은, 자기에게 주어진 시간을 스스로 계획하고 실천해나가는 습관을 길러주는 것이다. 이렇게 사교육을 대신한다. 하지만 어려서부터 배우지 않으면 안 되는 것이 있다. 그중 하나가 피아노다. 우리 아이들이 초등학교 입학과 동시에 받는 유일한 사교육이기도 하다. 사실 우리 아이들은 신기하게도 거의 다 미술 쪽에 타고난 재능을 보인다. 남편이 왼손 그림을 선천적으로 잘 그리는 것을 보면 유전적인 것도 같다. 그래도 미술학원을 어려서부터 보내지는 않는다. 대신 언제라도 많은 것을 보고 느낀 대로 그림 그리고 만들 수 있는 있는 여건을 마련해 준다. 그에 비해 아들, 딸을 가리지 않고 피아노를 6학년까지 시키는 이유는 즐겁게 살아가게 하기 위해서다. 즐겁게 사는 데는 음악이 한 몫을 한다. 그래서 우리 집 피아노는 쉴 새가 없다. 자리가 나는 대로 아무나, 아무 때나 신나게 피아노를 친다. 언제든 다른 악기를 배우게 될 때도, 음악의 기초지식이 있기에 악기에 쉽게 접근할 수 있는 것 같다.

  아들들은 기타도 배우고 있다. 학원이 멀어서 한 달 정도만 다니고 독학한다. 자연스럽게 악기소리와 노래가 끊임없이 흘러나온다. 음악은 마음을 평온하게도 하고 흥분하게도 하며 사색하게도 하고 감동하게도 한다. 우리 가족은 음악 속에서 찬양을 하기보다 찬양 가운데 음악이 흘러나온다. 하나님을 찬양하는 삶은 행복할 수밖에 없다. 우리 가정에 사교육이 필요한 이유는 행복하기 위해서다. 언젠가 미술학원을 보내게 되더라도, 영어학원을 보내게 되더라도, 자신의 행복한 삶을 위해 즐거운 마음으로 배우게 되길 바란다.

And

적성 찾아주기

첫째 빛나가 말했다.
"엄마, 저는 물리교사가 되고 싶어요."
"너는 손재주도 있고 그림도 잘 그리는데 왜 물리를 하려고 해?"
"물리가 재미있기도 하고 제가 물리를 가르치면 쉽게 가르칠 수 있

을 것 같아요."

"그래? 학교를 어디로 가려고 하는데?"

"경북대학교요."

"학원도 안 다녔는데 갈 수 있겠어?"

"그러니까 열심히 해야죠."

빛나는 경북대 물리학과에 합격했다. 물리교육학과에 가고 싶었지만 쉽지 않았다. 교사가 되기 위해 2학년 때 교직이수를 신청했는데 교칙이 바뀌어 빛나보다 성적이 아래인데도 후배들만 교직이수를 받게 되었다.

"엄마, 휴학하면 안 될까요?"

"왜?"

"내년에 다시 교직이수 받게요."

난감했다.

"빛나야, 다시 한 번 생각해 보자."

"아니면 자퇴를 할까요?"

"그렇게까지?"

"저는 교사가 되고 싶었던 거지, 물리를 연구하고 싶지는 않아요. 이제 교사가 될 수 없다면 다른 걸 해 보고 싶어요."

"하고 싶은 게 뭔데?"

"디자인이요."

"그래! 아빠랑 엄마는 애초부터 너는 디자이너가 어울린다고 생각했어. 하지만 물리교사가 되고 싶다고 했을 때, 넌 리더십도 있고 가르치는 것을 잘하니까 그것도 괜찮을 것 같다고 생각 했었거든. 빛나야! 지금 너는 농협에서 후원해주는 등록금으로 학교를 다니고 있잖아. 아빠, 엄마도 네가 하고 싶은 것을 찾아서 하게 되길 원해. 하지만 여기까지 인도하신 분도 하나님이시니 교사가 될 수 없다 하더라도 졸업할 때까지는 네가 끝까지 최선을 다해 성실히 공부하면 좋겠어."

"……."

"졸업하고 나면 네가 하고 싶은 것을 해도 돼. 주님의 뜻이 무엇인지 잘 모르니까 순리대로 하자. 널 후원하시는 분들께도 도리인 것 같다."

"네. 졸업할 때까지 열심히 할게요."

빛나는 정말 열심히 했다. 학기 초마다 장학금을 받아 살림에 보탰다. 과 사무실에서 아르바이트도 해서 용돈으로 썼다. 그러면서도 틈틈이 디자이너가 되기 위한 준비를 했다는 것을 나중에야 알았다. 빛나는 괜찮은 성적으로 졸업을 했고 우린 아이들 모두를 데리고 졸업식에 다녀왔다.

끝까지 해 준 빛나가 고마웠다. 더 고마운 것은 디자이너를 꿈꾸는 우리나라의 젊은이들이 가고 싶어 하는 SADI에 합격한 것이다. 적성을 살려 하고 싶은 것을 시킬 때에도 무조건 도와주고 OK하는 것이 잘하는 것은 아니라고 생각했다. 그렇다고 무조건 하지 말라는 것도 안 된다고 생각한다. 아이를 이해시키고, 아이를 이해해 주며 최선의 길로 이끄는 부모가 되어야겠다.

시야는 넓게

2004년 봄.

꽉 막힌 뒷산과 황산 앞 뜰, 강둑 너머 겨우 보이는 선산만을 바라보며 사는 아이들에게 세상이 넓다는 것을 어떻게 보여줄까? 우리 부부가 먼저 한 일은 방 벽지 위 꼬질꼬질 손때가 묻은 아이들의 손 높이에 세계지도를 붙여주는 것이었다. 큰 지도에서 열심히 찾은 우리나라가 겨우 손톱만한 것을 보며 실망했던 어린 시절이 생각나, '대한민국(서울), 북한(평양)'만 달랑 적힌 세계지도 옆에, 세계지도만한 우리나라 전도도 붙여주었다.

"와, 우리나라 크다!"

"정말 크지?"

"네."

"아빠는 어릴 때 우리나라가 제일 큰 줄 알았어."

"저는요, 지구에는 우리나라만 있고, 다른 나라는 다 우주에 있는 별나라인 줄 알았어요."

'드림이도 그런 생각을 했구나…….'

　우리는 이 넓은 세상을 다 알 수 없다. 그러나 세상이 우리를 알게 할 수는 있다. 우리 아이들에게 세계는 활동무대가 될 수도 있고, 내 손 안에 있는 세계지도로만 남을 수도 있다.

　그러나 원대한 꿈도 '지금'이라는 현실, '여기'라는 주어진 공간에서 비롯되어야 하기에 우물 안 같은 황산 뜰에서 뛰어 노는 우리 아이들이 자연의 아름다움과 섭리 속에서 순수한 사랑을 배우고, 아이들이 세계로 뛰어들게 하는 것이 아니라 조금씩 넓은 공간을 맛보며 전 세계를 우물 안으로 만들게 하는 것이다.

　세계가 자연에 순응하며 돌아가듯, 우리 집 사방에 만발했던 개나리, 벚꽃이 지고 싸리꽃, 탱자꽃, 박태기꽃, 명자꽃도 질 무렵, 라일락이 새롭게 피어오르고 있다. 쑥과 진초록 잡초들이 진한 봄기운을 내뿜고 텃밭의 열무 씨가 땅을 가르며 싹을 틔운다. 봄볕에 까맣게 그을린 우리 아이들 얼굴이 촌티를 더하지만 건강미를 뽐내며 지치도록 뛰놀고 마음껏 봄의 성장을 맛본다. 우리 마을과 똑같이 자연에 순응하는 세상은 벌써 우리 아이들의 놀이터가 되어버린 것 같다.

얼마 전 '레드 닷'이라는 디자인 국제공모전이 있었다. 그 공모전에서 빛나가 응모했던 작품이 수상을 하게 되어, 수상식이 싱가포르에서 열린다는 소식을 전해주던 빛나의 음성이 기억난다.

"엄마, 내 작품도 수상하게 되었어요."

"어머, 어머! 진짜? 축하한다, 빛나야."

"근데 수상식이 싱가포르에서 있대요. 그래서 저는 안 가고 나중에 상장만 받으려고요."

"응, 그래. 그래야지 뭐……."

미안했지만 다들 그러는 줄 알았다. 알고 보니 안 가는 사람은 빛나 한 사람밖에 없었다. 나중에 누군가의 도움으로 싱가포르에 다녀올 수 있었다.

이제 시작이다!

세계는 이제 우리 아이들이 넘나들 무대가 되어가고 있는 것이다. 그래서 이번에는 세계지도를 어디에 붙여줄까 궁리했다. 아이들과 내린 결론은 하얀 붙박이장 전체에 세계지도를 그리는 것이었다. 빛나가 그린 세계지도 위에 각 나라 이름을 붙이고 5대양 6대주를 나눠, 아이들은 나라 찾기 놀이를 하며 논다. 지금은 손바닥으로 전 세계를 찾지만, 훗날에는 발바닥으로 전 세계를 밟게 될 것을 기대한다. 세상은 넓고 우리 아이들은 세상 속에 있다. 무한한 가능성을 가진 아이들을 엄마의 생각 속에 가두지만 않는다면 아이들은 세상을 우물 안으로 바꿀 수 있을 것이다.

창의력 재료

"태초에 하나님이 천지를 창조하시니라"(창 1:1)

하나님은 창조의 하나님이시다. 하나님이 스스로 만든 것을 보시고 좋아하셨던 것처럼 사람도 무엇이든 만들고 기뻐한다. 사람이 만든 것은 결국 하나님이 만드신 것의 모형이다. 기술을 배워서 잘 만드는 것도 있지만 사실 많은 경우, 본 대로 생각하여 만들고 또 만든다. 대부분은 필요에 의해 조금 더 편리하게, 조금 더 아름답게 만들어간다. 아이들은 아이들대로 작은 손을 꼼지락거리며 자기들의 생각을 만들어낸다. 어른은 어른대로 더 정교한 생각을 손으로 만들어낸다. 우리가 만드는 것은 생각이다. 아이들에게 선물한 단순한 장난감, 모형 만들기 등 어른들의 생각으로 만들어진 장난감은 정해진 재료로, 정해진 규칙대로, 아니면 조금 응용해서 만들 뿐, 생각에 한계가 있다.

 반면 자연 속에서 본 것, 자연 속에서 만진 것, 자연 속에서 느낀 것, 그리고 자연 속에서 생각한 것을 생각 속에 떠오르는 재료들로 만드는 것은, 그것이 어떤 작품이 되든 창의력의 시작이 되며 그 어떤 것도 아름답게 만들어갈 수 있는 능력이 된다. 비단 물건만이 아니다.

 집도 아름답게, 가정도 아름답게, 사회도 아름답게, 내 삶도 아름답게, 주어진 환경 속에서 작은 것부터 만들어갈 수 있는 무한한 가능성과 창의력을 갖춘 사람이 될 것이다. 만든다는 것은 생각한 것을 보이고 만질 수 있게, 볼 수 없어도 느낄 수 있게 표현하는 것이다. 그것은 기쁘고 행복한 삶이다. 아이들에게 만들어진 삶이 아닌, 만들어가는 삶을 제공해 줄 수 있는 어른들이 되어 아이들의 상상력으로 기쁨을 맛볼 수 있는 행복한 삶이 되게 하면 좋겠다.

사랑해 · 행복해 · 고마워

즐거운 숙제

　방학을 하면 생활 리듬이 다 바뀌어, 가정에서의 규칙이 몸에 익숙해지기까지 아이들이나 부모가 몸살을 한다. 방학은 우리에게 색다른 배움의 장을 제공한다. 따라잡지 못했던 학과공부도 해야 하고, 다양한 체험학습도 해야 한다. 수업과 전혀 다른 숙제도 여러 가지 해야 되는데 학습에 도움이 되거나 꼭 해야 되는 것은 아니다.

　그래도 우리는 열심히 한다. 방학이라고 내가 하고 싶은 것, 나에게 유리한 것만 하지는 않는다. 방학숙제에는 필수 과제, 공통 과제가 있고 선택 과제가 있다. 물론 필수 과제는 꼭 시킨다. 그리고 선택 과제는 우리 아이들이 알아야 할 것들, 방학 동안 경험하면 좋은 것들을 우리 가족만의 과제를 만들어 꼼꼼히 시킨다. 아이들도 많고 바쁜데, 더군다나 선생님들이 꼼꼼하게 검사하지 않을 때도 있는데, 그래도 끝까지 열심히 과제를 해 가는 데는 이유가 있다.

　숙제는 아이들이 방학 동안 해야 할 책임과 의무이기 때문이다. 그것이 아이들에게 전혀 도움이 되지 않는다 해도, 또 학교나 선생님께 큰 영향을 미치는 것이 아니라 해도 알아주는 이가 없다 해도, 학생으로서 주어지는 책임과 의무이기에 최선을 다해야 한다고 생각한다. 미련해 보일지도 모른다. 때론 시키는 나도 '아이들에게 무가치한 것을 강요하는 것은 아닌가?' 생각해 본 적이 있다. 그러나 지금 당장 눈에 보이는 결과를 기대하는 것은 아니다. 우리 아이들이 성장하는 과정이나 사회인이 되었을 때 이기적이고 기회주의적인 사람이 아니라 자신에게 조금 손해가 된다 해도 자신의 노력이 조금 더 들어간다 해도, 주어진 일에 최선을 다하는 사람이 되고 공동의 이익과 더불어 함께 살아갈 수 있는 사람이 되길 기대하는 것이다.

삶에는 내가 스스로 알아서 해야 되는 일과 누군가에 의해 어쩔 수 없이 해야 되는 일이 있다. 두 가지를 다 즐겁게 할 수 있는 것은 어려서부터 익숙해진 삶의 방식이 몸에 배어 있을 때 가능한 것이라고 생각한다.

회초리

"회초리 가져와."

큰아이나 작은아이나 막내아이라 할지라도, 이 말 한 마디면 부동자세에 초긴장 상태로 들어간다. 자주는 아니지만 그래도 종종 있는 일이다. 아이들이 적으나 많으나 가정의 질서와 예의를 무시할 때는 회초리를 든다. 회초리를 들어 때릴 때는 무엇을 잘못했는지 무엇 때문에 맞는지를 이야기한다. 손바닥을 때리는데 한 대를 맞아도 손을 파르르 떨고 온 몸이 오그라들 정도로 때린다.

스무 살이 된 장남이라도 한 대 맞으면 똑바로 서 있기 어려울 정도로 아프게 때린다. 아무 때나 회초리를 드는 것은 아니다. 정해진 규칙이 있다. 구체적으로 말하자면, 거짓말은 어떤 경우라도 용납하지 않는다. 작은 거짓말이라도 눈 감아 줄 수 없다. 결국 자기 입으로 잘못했다고 빌 때까지 회초리를 든다.

도둑질도 마찬가지다. 물론 우리 아이들이 남의 물건을 도둑질한 적은 단 한 번도 없다. 하지만 어릴 때 집에 있는 돈 100원, 500원을 가져가 군것질을 한 적이 있었다. 이것 역시 자기 입으로 잘못했다고 빌 때까지 회초리를 든다. 이때 만약 거짓말을 하게 되면 그것으로 인해 더 많이 맞는다.

부모에게 대항하는 태도나 말투도 용납하지 않는다. 그것은 부모, 낳아 주신 것만으로도 감사해야 할 대상이기 때문이다.

"너를 낳은 아비에게 청종하고 네 늙은 어미를 경히 여기지 말지니라"(잠언 23:22)

아이들 사이에 이미 위계질서가 있지만 간혹 형이나 누나에게 대드는 행동이나 말을 할 때도 경우에 따라 회초리를 든다. 부모가 없을 때 분명 질서를 따라 부모를 대신할 형, 누나이기 때문이다.

그리고 욕을 하면 회초리를 든다. 욕은 말이 아니다. 욕은 상대방을 저주하는 입의 무기다. 사람들이 흔히 하는 욕이 아니라 해도 상대방을 심히 기분 나쁘게 하거나 저주하는 말도 욕이나 다름없다. 욕은 입으로 하는 폭력이기 때문이다.

아이들이 폭력을 쓸 때도 회초리를 든다. 자기의 분을 폭력으로 해결하는 것은 비겁한 행동이며 말이 통하지 않는 짐승이나 하는 짓이다. 사람은 대화로 해결할 수 있는 언어를 가졌고 인격을 가졌기에, 참는 것과 용서하는 것과 이해해 주는 것을 훈련해야 한다.

이외에도 간혹 회초리를 들 때가 있다. 하지만 회초리는 부모의 화풀이용 도구가 아니라 아이를 바르게 잡아주는 데 쓰는 도구, 그야말로 사랑의 매다. 그래서 매를 들 때는 자기 입으로 잘못을 시인하는 것과 용서를 비는 것, 그리고 화해시키는 것을 잊어서는 안 된다.

때린 것으로만 끝나면 잘못을 인정하지 않게 되고, 다음에 똑같은 잘못을 하며, 그러면서도 미안해하는 마음 없이 오히려 미워하는 마음만 생기게 된다.

매를 든 다음에는 반성하는 모습을 살펴보며 안아주거나 위로해준다. 매는 아이의 손이 아픈 것 이상으로 부모의 마음이 아픈, 사랑의 다른 모습이기 때문이다.

"매를 아끼는 자는 그의 자식을 미워함이라 자식을 사랑하는 자는 근실히 징계하느니라" (잠언 13:24)

도움

　내셔널지오그래픽에서 이런 실험을 하였다. 한 명이 있을 때와 여섯 명 이상이 있을 때, 어려움 당한 사람을 돕는 확률이 어떠한지? 한 명이 있을 때는 100% 다 어려움 당한 사람을 돕는다. 반면, 여섯 명 이상 있을 때는 서로 눈치만 볼 뿐, 아무도 돕지 않는다. 몇 가지 실험을 해 보았지만 마찬가지 결과가 나왔다.
　우리 집도 예외는 아니다.
　아이들이 학교에 가고 몇 명 없을 때는 도와달라는 말을 하지 않아도 잘 도와주고 혹시 도와달라고 해도 기분 좋게 얼른 도와준다. 그

런데 이상하게도 아이들이 학교에서 돌아오고 여럿이 있다 보면 큰 아이나 작은 아이나 알아서 도와주기는커녕,

"얘들아, 청소 좀 해라."

몇 번을 말해도 잘 안하는 것을 보게 된다. 이유는 서로 미루기 때문이다. 남편이 자주하던 말이 생각난다.

"모두의 책임은 아무의 책임도 아니다."

정말 그렇다. 그래서 난 아쉬울 때면,

"뜨레야, 화장대 위를 정리해 줄래?"

"이든아, 라온아, 신발장 정리 좀 해 줘! 응?"

이름을 불러 부탁한다. 방학 때, 아르바이트를 하겠다는 둘째 다솜이에게 부탁을 했다.

"다솜아, 엄마가 바빠서 그러는데, 아르바이트 하지 말고 엄마 좀 도와줄래?"

"네, 그럴게요."

그런데 신기하게도 다솜이가 아이들을 다루는데, 아이들이 일을 착착 잘하고, 공부도 딱딱 잘 하는 것이다. 아침에 일어날 때부터 몇 번을 깨우고 소리를 지르고 해야 했던 아이들이 다솜이 말 한마디면 벌떡 일어나는 것이다. 다솜이의 말 한마디.

"제일 늦게 일어나는 사람이 이불 다 개기."

후다닥, 다 일어났다.

"좋아, 다 일어났지?"

"안 내면 개기. 가위, 바위, 보."

눈은 못 떠도, 가위 바위 보는 해야 한다. 가위 바위 보 할 때마다, 이불이 개어지고, 두 말 할 것도 없이 순식간에 거실이 정리 된다.

"이제 사다리타기다."

"나, 3번."

"나, 5번."

"난, 1번."

"나, 2번."

"난?"

"넌 4번이야. 4번밖에 안 남았어."

사랑해 · 행복해 · 고마워

주로 여섯 명에서 여덟 명 정도가 한다. 종이를 놓고 머리를 맞대고 사다리를 타는 모습은 사뭇 진지하다. 이렇게 정해진, 자기의 일은 잔소리 할 것도 없고 큰 소리 칠 것도 없다. 복불복으로 결정된 자기의 일들은 안할 수도 불평할 수도 없기 때문이다.

어제는, 라온이랑 뜨레가 설거지를 하고 이든이는 밥을 하였다. 빨래는 다솜이가, 베란다는 들이가, 다드림은 거실에 청소기 돌리기, 모아는 학교 가고, 바른이는 식탁 정리, 소다미는 테이블 정리, 일사불란하게 모든 청소가 착착 진행되었다. 나 혼자 했으면 오전 내내 순서를 정해 놓고 했어야 될 일이다. 이렇게 엄마 일을 대신해준 아이들도 고마웠지만 아이들에게 질서있고 재미있게 일을 시키고, 영어 공부를 시키고 시험을 치고 가르치던 다솜이가 개학하기 전, 기숙사 입실을 해야 되기에 떠나며,

"엄마, 엄마도 아이들 사다리타기로 일 시키세요."

"왜?"

"그러면 엄마도 편하시잖아요. 아이들도 잘 하고요."

"그럴까?"

엄마를 더 돕지 못하고 떠나야 하는 다솜이가 안타까워하는 마음이 예쁘고 고마웠다. 지금은 엄마를 의지하고 여럿이 있다 보니 그다지 돕지 못하는 아이들이지만 점점 자라가며 한 명, 한 명 책임을 느끼고 도움을 주는 아이들이 될 것이라 믿는다.

다솜이도 가고, 나는 아이들에게 설거지시키기를 미안해 한다. 아

이들은 이제 엄마의 일까지 하지 않아도 된다. 그런데도 소다미가 식사를 하다가,

"나 이제 그만 먹어야지. 잘 먹었습니다."

하며 수저를 씽크대에 갖다 놓았다. 잠시 후 소다미가,

"나, 더 먹어야지."

하니 갑자기 라온이와 뜨레가,

"아까 먹었던 수저로 먹어."

"호호호~ 라온아 왜?"

"흐흐흐……."

"히히히……."

"설거지를 해 보니까 설거지거리를 조금이라도 덜 만드는 것이 도와주는 거라는 걸 알겠니?"

"네~."

아이들은 자의든 타의든 남에게 도움을 주며 어떤 것이 진짜 도움이 되는 것인지를 알아가게 된다. 엄마가 할 일도 별로 없고 시킬 일도 없는데다 아이가 오히려 더 바빠서 아이를 도와주기만 한다면 아이는 남을 돕는 방법도 남을 왜 도와야 하는지도 모르는 아이로 자라게 될 것이다.

항상 남의 도움만 받고 자란 아이는 남을 돕지도 않으면서 나를 돕지 않는 사람을 원망하게 되고 불평하게 된다.

도움이란? 도움을 주기만 해서도 안 되고, 도움을 받기만 해서도

안 되는 것이다.

  열 세 남매가 함께 어울려 크는 우리집. 서로에게 누구보다 든든한 도움이 되어주는 모습을 바라보는 나는 세상에서 가장 행복한 엄마다.

love · *happy* · *Thanks*

생명의말씀사

사 | 명 | 선 | 언 | 문

> 너희가 흠이 없고 순전하여……세상에서 그들 가운데 빛들로
> 나타내며 생명의 말씀을 밝혀 (빌 2:15-16)

1. 생명을 담겠습니다.
만드는 책에 주님 주신 생명을 담겠습니다.
그 책으로 복음을 선포하겠습니다.

2. 말씀을 밝히겠습니다.
생명의 근본은 말씀입니다.
말씀을 밝혀 성도와 교회의 성장을 돕겠습니다.

3. 빛이 되겠습니다.
시대와 영혼의 어두움을 밝혀 주님 앞으로 이끄는
빛이 되는 책을 만들겠습니다.

4. 순전히 행하겠습니다.
책을 만들고 전하는 일과 경영하는 일에 부끄러움이 없는
정직함으로 행하겠습니다.

5. 끝까지 전파하겠습니다.
모든 사람에게, 땅 끝까지, 주님 오시는 그날까지
복음을 전하는 사명을 다하겠습니다.

생명의말씀사 서점안내

광화문점 110-061 종로구 신문로 1가 58-1 구세군 회관 2층
TEL.(02) 737-2288 / FAX.(02) 737-4623

강 남 점 137-909 서초구 잠원동 75-19 반포쇼핑타운 3동 2층 전관
TEL.(02) 595-1211 / FAX.(02) 595-3549

구 로 점 152-880 구로구 구로 3동 1123-1 3층
TEL.(02) 858-8744 / FAX.(02) 838-0653

노 원 점 139-200 노원구 상계동 749-4 삼봉빌딩 지하1층
TEL.(02) 938-7979 / FAX.(02) 3391-6169

분 당 점 463-824 경기도 성남시 분당구 서현동 273-1 대현건물 3층
TEL.(031) 707-5566 / FAX.(031) 707-4999

신 촌 점 121-806 마포구 노고산동 107-1 동인빌딩 8층
TEL.(02) 702-1411 / FAX.(02) 702-1131

일 산 점 411-370 경기도 고양시 일산구 주엽동 83번지 레이크타운 지하 1층
TEL.(031) 916-8787 / FAX.(031) 916-8788

의정부점 484-010 경기도 의정부시 금오동 470-4 성산타워 3층
TEL.(031) 845-0600 / FAX.(031) 852-6930

인터넷 서점

http://www.lifebook.co.kr